つれづれに雅楽

河口功

善本社

上・下とも 元宮内庁楽部首席楽長・上明彦師とニューヨーク観光の折（2017年）

CARNEGIE HALL
JAPAN-USA
GOODWILL
CONCERT

NY日米親善コンサートin カーネギーホール　正面玄関前にて総勢（2017年）

カーネギーホール正面玄関にて（2017年）

セントラルパークにて（2017年）

諏訪大社下社の７年毎の御柱祭・木落とし坂イベント（2016年）

元宮内庁楽部首席楽長・豊英秋師（鞨鼓）、同大窪永夫師（舞）賛助出演

雅音会第10回定期演奏会時（2015年）

長久手市民芸術フェスタ 着装と雅楽コラボ（2018年）

NHK総合TV「まるっと」初回催馬楽「桜人」（2018年）

雅音会第10回定期演奏会　管絃　黄鐘調「拾翠楽」(2015年)

愛知万博 総勢(2005年)

和楽器スーパーセッション　芸創センター（2005年）
NHK大河ドラマ「義経」の笛演奏者稲葉明徳氏と

りそな・あさひ会　雅楽演奏（2010年）

前列子供たちらは
幼くから
舞台に上がる

長久手雅楽愛好会
(2012年4月)
長久手古戦場桜まつり

それから10年
立派に舞いました

糟目雅楽くらぶ
舞楽神事「陵王」
(2022年10月)

伝　承

親子鷹
豊田市能楽堂

大きく育て　あすなろの雅楽

愛知県立国府高校創立90周年　「陵王」リハ風景（2010年）

私学振興会議　豊川高校体育館　市田雅楽部（2007年）

名京詰所にて(2018年)

日本舞踊とのコラボ　名城公園フラワープラザ(2013年)

雅音会総会・小旅行・上高地梓川原にて一曲（2003年）

豊橋　賀茂菖蒲園にて（2016年）

国宝松本城桜まつり（2017年）

コロナ禍、沖縄首里城火災を受け城内で演奏の最後になった（2017年）

この日は寂として声なし（2006年）

夢どころNAGOYA 伝統文化フェスティバル 2013

豊川市立金屋小学校・七夕集会に（2018年）

名古屋市立笹島中学・雅楽鑑賞会（2000年）

名古屋市指定無形文化財催馬楽「桜人」(2015年)

愛知縣護國神社　神楽「桜の舞」(2015年)

雅音会・天理教愛知教区雅楽部　平調「越殿楽」

http：//www.gaonkai.com/

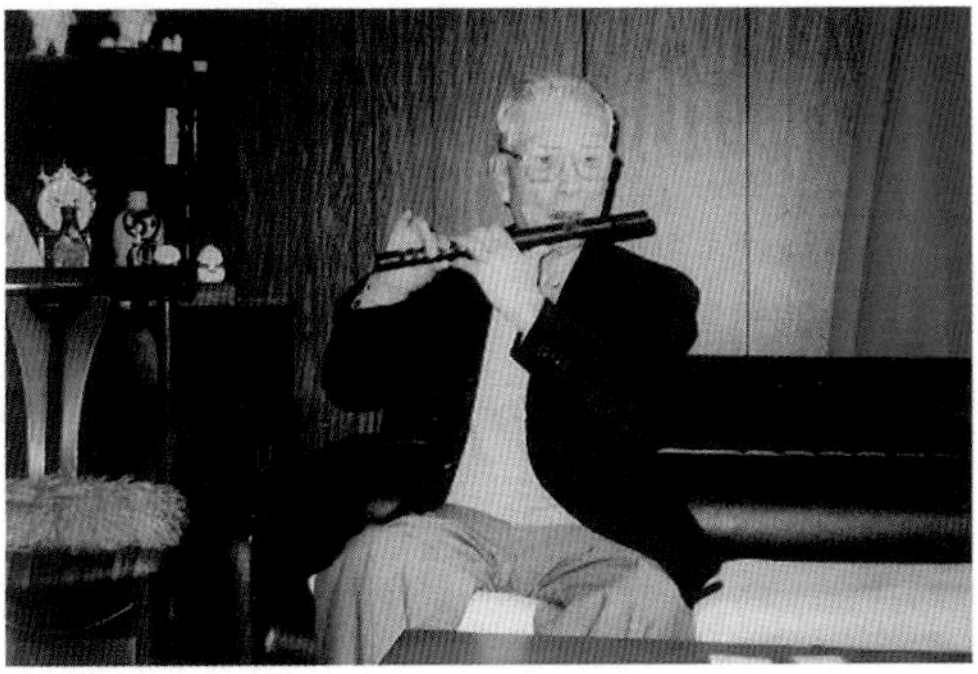

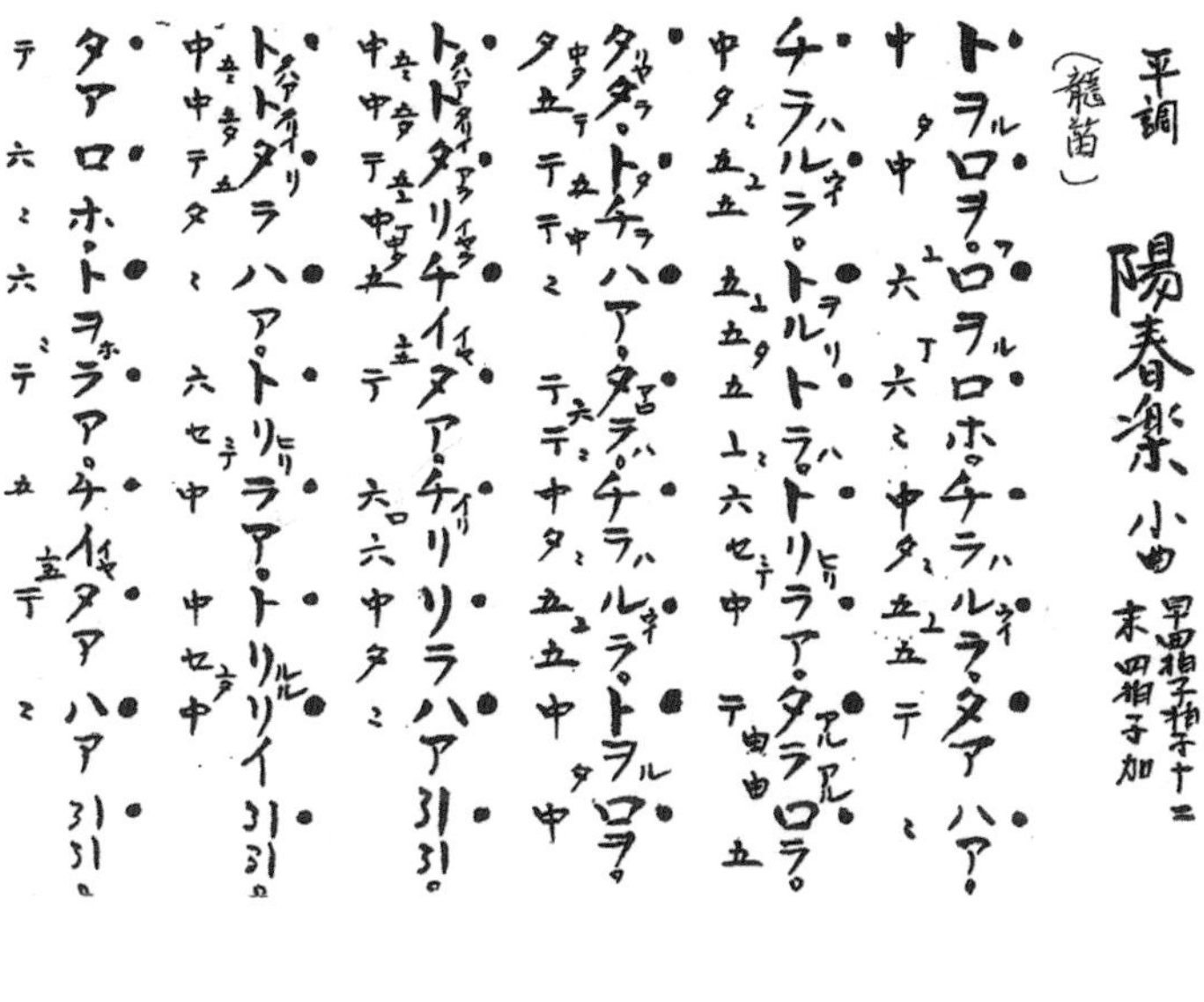

在りし日の森下弘義先生(雅音会初代楽長)と自筆の龍笛譜

上・龍笛《りゅうてき》
中・高麗笛《こまぶえ》
下・神楽笛《かぐらぶえ》

篳篥《ひちりき》

笙《しょう》

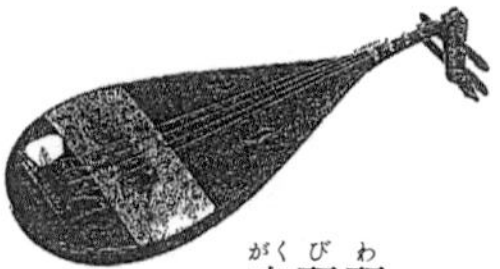

楽琵琶《がくびわ》

楽箏《がくそう》

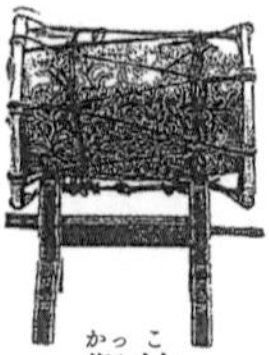

羯鼓《かっこ》

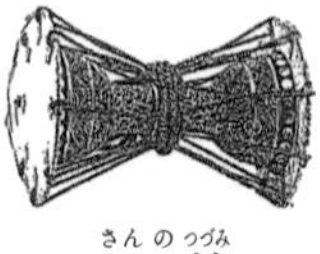

三ノ鼓《さんのつづみ》

太鼓《たいこ》

鉦鼓《しょうご》

雅楽の譜　平調「越殿楽」の一部

龍笛　拍子
唱歌
指穴符号

篳篥　拍子
唱歌
指穴符号

笙　拍子
和音名

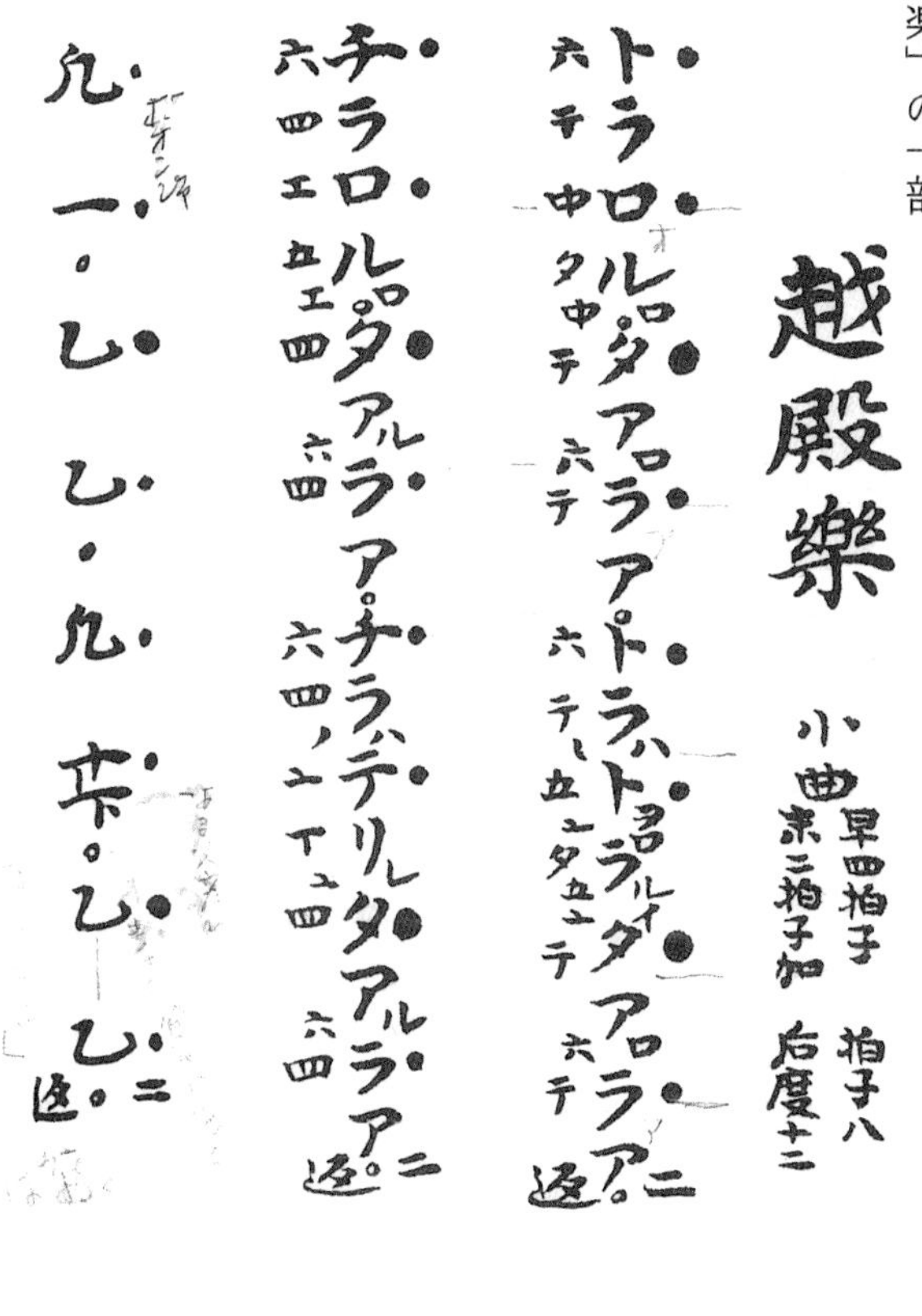

唱歌は言葉としてでなく音楽的技巧を表わし、笙は六音でなる十種の和音を表わす

つれづれに 雅楽

河口さんのこと

「雅音会」の立ち上げから奔走された森下さんとは会の草創期以来の付き合いで、彼は物静かで律儀な方でしたが、雅楽に対する情熱には感服しておりました。

河口さんはその森下さんの陰に隠れているような人で、親しく話をしたのはカーネギーホール行の折が初めてでした。お酒が入ると饒舌になって、思いも寄らない話題が次から次へと飛び出して戸惑う程でしたが、笙を楽しく吹く人です。

森下さんが逝かれてはや十年の歳月が過ぎ、『天楽の夢』に次ぐ第二作『つれづれに 雅楽』を執筆され、これは是非読ませて頂こうと筆を執った次第です。

元宮内庁式部職楽部首席楽長　上　明彦

目次

表紙の説明

スケッチ風「落日・中田島砂丘」（＝浜松）は、海外にも名を馳せた佐原泰彦先生（故人）が描き、舞楽「陵王」（舞人・永濵佳喜）の舞い姿を重ねました。

表紙の舞写真撮影：柴垣建男氏
・天理教忠愛分教会前会長
・雅楽器制作者

裏表紙の説明

上は永濵佳喜の息子亮太（大学生）が舞い、父が舞いぶりを見守りつつ篳篥を吹く。
下は親子４人の舞台。小学校低学年から教えた由。伝承は正にかくありたい。

序

一　雅楽は

小生は小学校を卒業した春休みに、上級の天理教前濱分教会後継者・森下弘義先生（故人）から笙《しょう》の手解《てほど》きを受けたのが始まりです。先生は俊才で、小生と似た年頃の五人に先ず龍笛《りゅうてき》を吹かせ、次に篳篥《ひちりき》を吹かせて、小生は笙を吹くことになりました。

「譜」を先生が歌う唱歌に合わせて、膝と畳を二つずつ叩いて拍子を取りながら、笙は篳篥と殆《ほとん》ど同じ節回しを発音違いでゆったりと歌い、龍笛は所々動く感じです。拍子に息継ぎの間延びが入ること、更に音程も怪しくて戸惑いました。中学の音楽の授業に雅楽《ががく》が出てきたので、先生に、

「僕、今、雅楽の笙を習っています」

と申し出ると、先生は目を丸くして、

「じゃあ、演奏してくれる？」

それで、次の音楽の時間に森下先生（龍笛）、住込みの原先生（太鼓）、七歳上の兄・幹彦（篳篥）、小生（笙）の四人で平調「越殿楽」を演奏し、続いて音楽の先生が「越天楽今様」のピアノを弾きながら生徒五十人と一緒に歌い、終わって、音楽の先生が、

「ちょっと音が違うみたい」

と言われ、森下先生が、

「雅楽と洋楽の音階の違いは微妙ですが、ピッチ（基準音）が若干違う為《ため》です。大した違いではないので、龍笛、篳篥はほぼ合わせることができますが、笙は固定音律楽器なので、調律し直さなければ音階が合いません」

森下先生は三管を教え、篳篥のリードを作り、調整し、笙の調律もします。

雅楽の唱歌をし、歌うように吹くと言われて三年たちました。

「やっと音楽らしくなってきた。そろそろ打物《うちもの》もやるか」

「あんたは笙の外《ほか》はやらんでいいから」

「雅楽は少々不器用なくらいの方がちょうど良い」

と言われたことからして、雅楽も小生の事も、おおよその見当がついたでしょう。

毎週土曜日の夕食後から夜半まで稽古して六年間。協和銀行に就職して五年、岡崎支店から東京へ転勤の折に少しばかり笙を吹いて皆を驚かせ、二十年余りの中断後、四十代半ばに再開。折々の先生方に教えを乞《こ》いながら更に三十六年。年を経ても未だに熟さない、そんな者が事も有《あ》ろうに雅楽への思いを書くというのですから、至らぬ点はその勇気に免じてご容赦願います。

雅楽は奈良時代前後から平安時代にかけて大陸や朝鮮半島から伝来し、平安時代の雅楽家によって日本風の雅やかで神秘的な、独特のゆったりとした節回しに、人の話し言葉や自然の動作、趣を留《とど》めたまま高度に抽象化形式化され、物事や感情を具体的に表現しようとはしません。国事や大社仏閣の儀式音楽として千年の時空を超えて伝承されてきた世界最古の交響楽ともいわれ、同じ演奏形態のままのせいか、初めのうちはどの曲も皆同じに聴こえてくるようで、まずは何も考えずに耳を傾けて頂《いただ》くと良いと思います。

一歩踏み込むと難しさに熱くなるような魅力があり、最近は求めて雅楽を習う方が現われて嬉《うれ》しい限りです。諸芸能のような家元制度は無く、他会との交流や入退会は家元制度がある一般の芸能に比べて大らかなようです。

雅楽が全盛だった平安時代の貴族社会の中で貴族の嗜《たしな》みとして公用の他、ごく少数、或いは独りでも日常茶飯事に奏され、親しまれていた、その名残が現在の私達《たち》の会話の中にも沢山あります（但し、趣味として一般への普及は現代になってからです）。

応仁の乱の都の荒廃で楽師の多くは地方へ逃れ、舞楽面《ぶがくめん》や装束等が遺物として全国至る所に残り、日常会話の中にもその名残が存在します。

因《ちな》みに「打ち合わせ」「申し合わせ」は舞楽の舞いや演奏を別々に稽古し、最後に打楽器も含む器楽と合わせて仕上げることに起因するといわれています。

相撲や芝居興業の最終日を「千秋楽」というのは、その昔、宮中の相撲《すまい》、競馬《くらべうま》、騎射《きしゃ》等の公式行事の終りに必ず当曲が奏《そう》されたことに端を発し、宴会などの最初の、乾杯の「音頭をとる」は、雅楽曲の前奏を龍笛の主管が独奏する「音頭吹」が本《もと》です。

「越殿楽《えてんらく》」を知らない方はいないでしょう。民謡「黒田節」が知られていますが、讃美歌や交響曲にまで編曲され、最も親しまれている平調《ひょうじょう》の曲は民間で「越天楽今様」や様々に編曲されたようで、白拍子《しらびょうし》らによって熱狂的に歌い舞われました。

私達は平調「越殿楽」から習い始めましたので何とも思いませんでしたが、当曲は雅楽の中では珍しくメロディの変化に富んだ洋楽的な難しい曲で、楽師さん方は仁義礼智信を階名の宮《きゅう》商角徴羽《しょうかくちう》の五音に当てはめて作ったとされる「五常楽《ごじょうらく》」から習い始め、先ず人間性を高める事が出発点と伺いました。雅楽に練習曲はありません。

晴れの門出の結婚式にはこれほど厳粛で雅やかな音楽は無いと思います。不肖小生もホテルの結婚式に笙一管で勤める事があり、思い付きで退場曲を「調子（音取の長いもの）の途中から「荒城の月」に転じたところ、終始神妙だった列席者が目覚めたように聞き入って、退場していかないので、戸惑い、後で、ホテルの担当の方からは「とても良かった」と一言頂きました（正統派の方からは叱られそうですが）。

葬儀に雅楽の荘厳さは形容し難いものがあります。

通常、笙・篳篥・龍笛の三管で依頼されますが、「お通夜《つや》」に相当する神式の「遷霊祭《せんれいさい》」の核心である「御霊遷《みたまうつ》しの儀」は笙一管で勤めることが多く、「消灯」で吹き始め、真っ暗な中、故人の魂に亡骸《なきがら》から霊璽《れいじ》へとお遷《うつ》り戴《いただ》いて先払いが「ウオーウオー」と警蹕《けいひつ》を奏して手燭《てしょく》で足元を照らす中、斎主が御霊を浄衣の袂に抱いて御霊社へとお遷しする霊妙な寸刻《すんこく》間、いつも強い緊張に包まれます。

ご了解を頂いた上で、その場にアドリブで「荒城の月」のメロディを一ないし三和音で吹い

て後刻、ご列席の方から「大変感動した」と伺い、またある女性からは、

「私の時は、「月の砂漠」でお願いね」と言われました。

ある時、隣市で行われた愛知県文化協会連合会東尾張地区芸能祭に、長久手雅楽愛好会（「雅音会」の支部）が「越殿楽」を演奏させて頂いた折、観客のお一人が、

「訳も無く涙が出て止まらなかった。素晴らしかった」

と感極まった面持ちで仰り、私達の方が却《かえ》って感激しました。

その時は初心者も混じっていました。雅楽は合奏の音楽で、各々が技能を尽くす事は当然ですが、合奏は達者な者の方から手を差し伸べて合わせると教えられました。

皆一手一つに、懸命に吹いた、それが旗のように翩翻《へんぽん》と翻《ひるがえ》って響いたのでしょう。

逆に達者な者同士でも、「俺が、俺が」では味気ないと言われます。

雅楽は平安時代に宮廷を中心として貴族社会に行われた音楽の総称で三つに大分され、
第一は饗宴や神事に行われた我が国古来の**神楽歌**《かぐらうた》、**久米歌**《くめうた》、**東遊**《あずまあそび》などの歌舞《うたまい》。

第二は中国・朝鮮方面から伝来した**唐楽**《とうがく》「**左方**《さほう》**の楽**《がく》」・**高麗楽**《こまがく》「**右方**《うほう》**の楽**《がく》」の管絃・舞楽《ぶがく》。

第三は管絃と声楽が結び付いて平安時代に成立した**催馬楽**《さいばら》（俗歌を雅楽の伴奏で歌う）・

朗詠《ろうえい》（漢詩を雅楽の伴奏で歌う）とあります。

平安時代末期に僧・涼金が著した『管絃音義』の冒頭には、

「それ管絃は萬物の祖なり。天地を絲竹《しちく》の間に籠《こま》め、陰陽を律呂の裏に和す」

難解な文章ながら雅楽の本質が何となく浮かんでくるのではないでしょうか。

正式な舞台は四間四方を朱色の高欄で囲み、南北の高欄の中央が開けてあって、舞台の真ん中に三間四方の緑の打敷を敷き、隙間に白砂を敷き詰めて、「天円地方」という古代中国の思想に基いて天は無限に広がる円、大地は方形の緑で、東から唐楽・左方の舞人、西から高麗楽・右方の舞人が出てきて南から舞台に上り、天からの力と地の力を身に帯びて北の天子に向かってその気・力を送ります。

通常の舞台は観客を天子に見立てて舞うので逆方向で、天地の気・力を観客に送る、つまりお客様に幸せをもたらす願いを込めて演じるのです。

舞楽は悠久の時の経過を意味し、左右が交互に舞う番舞《つがいまい》は昼夜、一年等の宇宙観を基にしていました。

音階は「ピタゴラス」で、洋楽の鍵盤楽器に通常使われている「平均律」と大差なく、基準のA音（ラ）が洋楽は440~442Hz、雅楽の対応音・黄鐘調は430Hzです。

雅楽の管絃（器楽）は楽器編成、演奏形態、音量が導入部と最後を除いて同じでフレーズの繰り返しも多く、単調に感じるようですが、舞楽は曲によって装束や面、動作の遅速、入退場の演奏に変化があります。

ただ、管絃の「残楽三返《のこりがくさんべん》」という奏法がとても新鮮に感じて印象深いのです。

ある曲を最初は普通に合奏し、次は主管のみになり、最後は笙、龍笛、打物と順次抜けます。ずうっと続いた雅楽が途切れた瞬間、真空に入った様《よう》な緊張に襲われると名手さえ言い、篳篥も途中から飛び石のように吹いて、抜けて、最後は琵琶と箏の掛け合いで終わります。演奏形態に大きな変化があり、お遊び的に出来たらしいのですが、実は交響楽にも奏者が途中で抜けて帰ってしまう小話があると耳にしました。でも雅楽は世界最古の交響曲と言われていますから、「残楽」の方が先輩かもしれません。

雅楽の極め付き　**退吹《おめりぶき》**

「退吹」は輪唱のような追い吹きのことで、舞楽の入退場などに奏し、「振鉾三節《えんぶさんせつ》」は舞台を前もって清めて天に繋ぐ意味合いで一節「左方」龍笛、二節「右方」高麗笛と其々《それぞれ》の舞人が退吹で鉾《ほこ》の舞を入れ替り演じた後、三節は「左」「右」同時に、つまり違う曲の退吹を同時にする訳で、正直なところ壮観を通り越して奇観です。

しかし、雅楽は自然の趣を留めた音楽と自身に言い聞かせて聞き入っていると、ちょうど千里の長旅へと集まった渡り鳥たちが勇み立つエネルギーのように思え、舞了後に吹く退場曲は長い旅を恙無《つつがな》く終えて互いの健闘を讃え喜び合うようなものかと嬉しくなりました。しかしそんな事を考えるのは小生だけで、雅楽は演奏技術以外、あまり考える事はないようです。

雅楽は洋楽に比べて「緩《ゆる》い」と口にする方もおりますが、茶の湯の茶碗と洋食器、和服と洋服を競わせるようなものだと思います。

不思議な音・雅楽　笙から始まり笙で終わる

「笙」は雲間から射しこむ光を音に模したといわれる透き通った和音が特徴で、小さな金属のリードの響きで、固定音楽器なので音の基準になり、音合わせを兼ねた短い自由拍子の短い序奏「音取」を笙から吹き始め、人の声、大地の響きを音に模したといわれる篳篥が幅のある音で緩やかに入り、主音に至って竜の鳴き声や風を切り裂くような音の龍笛、鞨鼓《がっこ》が入り、琵琶、箏《そう》の止手で寸止めし、その流れを受けて龍笛の主管が当曲の頭を音頭吹きして合奏に入ります。笙は六つの音の和音十種があり、その一番低い音が主音で、篳篥の旋律に拍子より一瞬早く次の和音を入れ、拍子の後ろを囃して切れ目なく吹き吸いし、主管のみで止手に入り、笙が音を引いて琵琶、箏で幕を閉じます。笙に始まり、笙で終わるという訳です。

「琵琶」は拍子の寸前を笙と合わせて鋭く打ち込み、縮めたアルペジオの和音を奏で、楽箏はタイミングをずらしたアルペジオの和音で・＊＊＊とリズムを奏でます。

「鞨鼓」は毬が弾むような微妙な間隔を打って全体の纏《まと》まりを良くする役目で、太鼓は大きな間で時の流れを打ち、鉦鼓《しょうこ》がそれを飾るように遅れて打ちます。各楽器が異なる役割を演じながら自然の流れで調和する辺《あた》りが雅楽の醍醐味でしょうか。

現代の諸芸能は洋楽寄りに傾き、雅楽もその影響を受けていますが、骨組み的なところや楽器は一切改良せず基準音（Ａ音４３０Hz）を守っています。

「笙」は「銅鑼」から作った「さはり」という金属の音、篳篥は「蘆《よし》」から作った舌「リード」の音、龍笛は竹の響きであり、材料を変えれば本質が変わる恐れがあるからです。

古来、雅楽には宇宙からの見えない、聴こえない不思議な音、リズムが入っていると信じられてきました。笙奏者・宮田まゆみ氏は「この世の人間には聞こえない〝宇宙のハーモニー〟

というものがある」という古代ギリシャの音楽観を大切にし、プラトン学派によれば、音律の原理を発見したピタゴラスだけは〃宇宙のハーモニー〃音を聴くことが出来たといっています。

(2021年「中日新聞」夕刊・抜粋)

雅楽の本体を成す唐楽(左方の楽)の管絃(器楽)は、**篳篥**、**龍笛**、**笙**各三人、**楽琵琶**《がくびわ》、**楽**《がく》**箏**《そう》各二人、**鞨鼓**・**楽太鼓**《がくだいこ》・**鉦鼓**各一人の計十六人が標準ですが、実際にはその場によって適宜の人数で務めます。朝鮮半島から伝来した**高麗楽**(右方の楽)は龍笛の代わりに小振りで一音高い**高麗笛**、鞨鼓の代わりに**三**《さん》**ノ鼓**《つづみ》を一発打ちし、笙は用いず、左方と同じ音階を異名同音で奏します。

舞楽の時は楽器編成が変り、絲物《いともの》は原則、用いず、拍子は四拍を二拍にしてテンポ軽く奏しますが、主に野外などで絲物を入れる管絃舞楽もあります。

概して舞人の装束は左方が赤系統、右方は青系統ですが、左右で演奏する「抜頭《ぼとう》」「還城楽《げんじょうらく》」もあり、左右セットで舞う番舞《つがいまい》の都合で編曲したのかもしれません。

催馬楽、朗詠などの歌物は歌が主で、代表が笏《しゃく》を叩いて拍子を取りながら歌い、楽器は付物で、笙は一音で旋律を吹き、神楽には龍笛よりも一音低い神楽笛《かぐらぶえ》を用います。

二　雅楽曲

雅楽の**音階**（前述）音名を便宜上ドレミでいいますと、

C　♯C　D　♯D　E　F　♯F　G　♯G　A　♯A　B

ド　♯ド　レ　♯レ　ミ　ファ　♯ファ　ソ　♯ソ　ラ　♯ラ　シ

神仙《しんせん》　上無《かみむ》　壱越《いちこつ》　断金《だんきん》　平調《ひょうじょう》　勝絶《しょうぜつ》　下無《しもむ》　双調《そうじょう》　鳧鐘《ふしょう》　黄鐘《おうしき》　鸞鏡《らんけい》　盤渉《ばんしき》

笙の十五音名、　乞　一

・工　凢・乙・下　十　美　行・七

比　言　上　八　千

の十二律で、階名を宮、商、角、徴、羽の五声に変宮《へんきゅう》、変徴《へんちょう》を加えて七声とし、呂調《ろちょう》子と律調子が有りましたが、半音が多用されて混同、呂律《ろれつ》が回らないの語源となりました。

様々な調子が**壱越調**《いちこつちょう》、**平調**《ひょうじょう》・**太食調**《たいしきちょう》、**双調**《そうじょう》、**黄鐘調**《おうしきちょう》、**盤渉調**《ばんしきちょう》の六調子に集約されました。

音階が等間隔とは微妙に違い、雅楽器の音域が狭くて半音も揃っておらず、調子観を加えるので平行移調は出来ず、琵琶、箏は調子毎に調絃し直さなければなりません。

雅楽は音合わせから本番

雅楽は本番前の音合わせを兼ねて奏す序奏の「**音取**《ねとり》」が始まりの合図にもなります。

曲名の後ろに付く「**序**」「**破**」「**急**」は第一楽章～第四楽章の様な意味合いで曲の進展を意味し、「序」は「音取」のように、曲に整う前の浮遊する様な自由拍子のまま、つまり早い話が未完成のまま曲にしたような感じで、とても新鮮に感じます。

「破」は拍子を丁寧に進む感じ、「急」は流れ良く走り出すと言いますが、洋楽の感覚では何処《どこ》が違うかと思うでしょう。

拍子は四拍でいえば、一、二ットー三、四ットーの如く拍の間に息継ぎ、話し言葉のような自然の間延びがあります。

四拍と、二拍四拍混合の只拍子がありますが、舞楽の時は拍子を強調して四拍をサラッと二拍に奏し、二拍四拍を二拍三拍に縮めて奏す夜多羅拍子《やたらびょうし》も有ります。

「**早拍子**《はやひょうし》」はサラッと奏し、「**延拍子**《のべひょうし》」はゆったりと奏すといいます。

指揮者がいないのにどうやって合わせるかと聞かれますが、相撲の立ち合いのように、互いに呼吸を計りあうのです。

舞楽も左と右に分けられ、対で舞う「番舞《つがいまい》」の取り決めが有り、態様から「平舞」「走り舞」「武の舞」「文の舞」「童舞《わらべまい》」、時に面を付けない「素面《すめん》」があります。

いろいろな調子、曲

雅楽の音階は洋楽の平均律と大差有りませんが、主旋律を奏す篳篥の音域が一オクターブそこそこと狭いために、移調は高音が無ければ一音階下の音にし、更に調子観を加えますので旋律は変り、同名の別な曲になります。

壱越調　レが主音。基本的な調子・音階　レミ♯ファラ　ラ♯ファミレ

「蘭陵王《らんりょうおう》」　舞楽で最も親しまれる、動きが早い「走り舞い」の一つです。

今から約千五百年前、中国北部の北斉という国の蘭陵県に長恭という王子がいて、武勇に優れていながら男も惚れる美男子で敵になめられ、味方の士気も上がらない為一計を案じて、恐ろしい面を被って出陣して連戦連勝します。特に中国正史にもある「忙山の役」では小軍で大軍に大勝利して、その指揮する様をこの曲、舞にしたといわれています。

舞楽の時は単に「陵王」と称し、別名「没日還午楽《ぼつじつげんごらく》」の通りの勇壮華麗な走り舞で、「一度没した太陽を昼まで引き戻した舞」という伝説が出来、縁起が良い曲とされて出陣時だけでな

く、難病の平癒祈願にも舞われました。

「胡飲酒《こんじゅ》」

胡国の王が酒を飲み、酔って舞った姿を曲にしたと、林邑《りんゆう》（今のベトナム南部）の僧・仏哲が伝えました。酒杓《しゅしゃく》に見立てた桴《ばち》を頻繁に左右に持ち替えながら、髪を振り乱して舞台を所狭しと走り舞います。

「賀殿《かてん》」

中国隋の煬帝《ようだい》が運河完成の際に作らせたそうで、原曲を「河伝」といい、日本で「賀殿」の名が付けられ、新殿の落成など大賀の時に奏され、舞楽も有ります。

「迦陵頻《かりょうびん》」

天竺《てんじゅく》（インドの旧名）の祇園精舎の供養の日に極楽から飛来した迦陵頻伽という鳥が舞う姿を曲にしたといわれている童舞です。

平調　ミが主音。平《たい》らかで爽やかな曲調　ミファミー　秋（越殿楽は前述）

「萬歳楽《まんざいらく》」

隋の煬帝の作という説です。唐では賢王の時に鳳凰が飛んできて「賢王万歳」と鳴く姿を楽に舞いにした等、諸説ありますが、天皇即位等のめでたい時に奏されます。

「王昭君《おうしょうくん》」　管絃曲

前漢の元帝の時、北方の騎馬民族の王が漢の女性を妻にしたいと言ってきたので、元帝は官女の似顔絵の中から一番醜い王昭君を選びました。

ところが王昭君は楊貴妃と並んで美人の誉れ高く、似顔絵師に賄賂を贈らなかった為に一番醜く描かれてしまったというのです。元帝は旅立つ時に初めて本人を見て、あまりの美しさに目を奪われましたが、後の祭りで、殊に悲劇の人として多くの詩に謳われているそうで、雅楽曲にもなったのです。

「太食調《たいしきちょう》」　平調と同じと考えます。

「長慶子《ちょうげいし》」

雅楽史上で有名な源博雅《みなもとのひろまさ》の作といわれ、舞楽舞台の最後に、四拍を二拍にして（舞楽吹き）軽快に演奏する習わしです。

「抜頭《ばとう》」

猛獣に親を殺された胡人が山野を探し回って仇討し、喜ぶ様子を舞にしたといわれ、また一説には、唐の皇妃が嫉妬に身を焦がすさまともいわれます。

左方の二拍四拍の只拍子もありますが、右方の二拍三拍の夜多羅拍子で軽快に舞われることが多いのです。番舞に曲調の似た左右の曲を定めましたが、適当な曲が無くて同じ方の曲を改編したと考えられ、他にも同様な曲が有ります。


「高麗壱越調」　唐楽の平調と主音が異名の同音です。


「胡蝶」

宇多天皇が童相撲を見る際、藤原忠房が蝶の舞う姿を童舞に作ったものです。


「納曽利《なそり》」

双竜ともいい、雌雄の竜が戯れている姿を左右対称の軽快な舞にしました。

一人舞いを「落蹲《らくそん》」といい、良く舞われる曲の一つで、呼称が逆のところもあります。


「双調《そうじょう》」　ソが主音。芽が伸びる様な低音ソーレー　レーソーが基調　春

「柳花苑《りゅうかえん》」

遣唐使の一員の久礼真茂《くれのさねもち》が伝えたとされ、元々は葬送の曲として作られましたが、演奏したところ死人が生き返ったことからお祝いの時に奏されるようになり、後の舞楽図には女性の舞

として描かれてあって、天理大学雅楽部は女舞いとして復元しました。

「**黄鐘調**」　ラが主音。低音ラーミー　ミーラーが基調音　夏

「**拾翠楽**《じっすいらく》」

承和の大嘗会《だいじょうえ》に大戸清上《おおとのきよかみ》が作ったといい、龍笛が高度な技を駆使して奏し、短い曲の代表のようにいわれます。

「**盤渉調**」　シが主音。シーレー　レーシーと戻るフレーズ多　冬

「**青海波**《せいがいは》」

青海の湖の底、竜宮から聴こえてくる楽に合わせ、舞いを付けた、との言い伝えがあり、装束の袍《ほう》（束帯《そくたい》の表衣）は舞楽装束の中で最も豪華なものです。

天理大学では廃絶曲や舞の積極的な復元に努め、装束や道具も自作していますが、当曲の装束の袍には姿が違う六十四羽の千鳥の刺繍があり、プロに頼めば一羽三万円、袍二着の千鳥の刺繍だけで約四百万円掛かるので、針を持ったことの無い部員（当時は男子のみ）が授業の合間に縫ったそうで、装束一人分で家が建つといわれました。

「**蘇莫者**《そまくしゃ》」

聖徳太子が笛を吹いたところ山の神が浮かれ出て舞ったといいます。それを再現するように舞台の隅に立って龍笛を吹く主管に山の神が詰め寄る様が面白い走り舞です。

龍笛の主管が格好良過ぎ（羨ましい）ます。殆どの楽舞が抽象化、形式化されている中で人の擬態が残った珍しい曲の一つです。

「千秋楽」

玄宗皇帝の千秋節（誕生日）に奏されたと言われていますが、日本では仏事の最後に奏されていて、相撲や芝居などの最終日を千秋楽というようになったようです。

破

三　雅楽器

笙は東南アジア、中国に見られた楽器で、紀元前千有余年前の殷《いん》の時代に原型が出来、お椀《わん》の様な匏《ほう》の周縁部を取り巻くように十七本の長短の竹（匏の中の下部に金属の小さなリード付）が立っていて、拝むように構えて吹き吸いすると押さえた竹のリードが鳴る仕組で、蜜蝋で張りつけたリードが剥がれ易く、湿り気で音が下がり、鳴りにくくもなるので、夏でも火鉢等を脇に置いて演奏の合間に温めます。

十七本の竹（音律名）は構えて右横から右回りに、

＃ファ　ソ　＃ファ　ミ　＃ド　＃ソ　シ　ミ　×　＃ド　シ　ラ　レ　レ　ラ　×　ド

・千　十　下　乙　工　美　一　・八　也　・言　・七　・彳　・上　九　乞　毛　・比

の順に並んでいます。（×はリード無し　＃は半音高　・は高音）

天からの光に準《なぞら》えた笙独特の和音十種（五、六竹の和音の中で一番低い音が主音）を、一ないし四つの竹（指）を移す手移りによって篳篥の旋律を大まかに先導します。

手移りは琵琶の打ち込みに合わせて、拍子の寸前に、高い音から順に放して同時に押さえ（例外有・割愛）、拍子の後ろを息の強弱で囃して音を玄妙《げんみょう》に揺らします。

音律の基準となる固定音楽器で、調律が出来て笙吹きと言うそうで、一口に伴奏楽器といいながらリード的な要素もあります。

拍子を外した息遣い・複雑な手移りを修得するまでが大変で、和音も聞き分けにくく、目立たなくて張り合いが無いといいますが、一通り習得すると、後は譜を見るだけで凡《おおよ》そは演奏出来るという利点（？）もあります。

篳篥は西域で発祥したクッチャという楽器が原型といわれ、一番小さくて一番大きな音を出すのですが、別に、悲篥《ひーりー》という文字が古文献に有るそうで、草笛を連想させ、篳篥はその両面を持っている感じです。

管の前面に七つ、裏面に二つ穴があり、管は割れを防ぐ為に桜皮《かば》や籐が巻いてあって、管の上の方から盧舌《ろぜつ》を差し込んで吹きます。盧舌は盧《よし》（葦《あし》は悪《あ》しに繋がるのでよしと読ませる）の吹き口を拉《ひし》いで固め（二枚舌）、お茶に浸して開き、「責め」で開いて調節しますが、指穴で音が定まらないという厄介な変音楽器です。

正確な音をポンと出すのが困難な反面、洋楽でいうアルペジオやグリッサンド、ボルタメントといった技法を滑らかに吹ける優れもので、揺る、突く、減《め》る、張るなどの技を駆使し、音を上げる寸前に半音の半音くらい落として跳ねるように上げ、下げる寸前に半音の半音くらい突き上げてすかさず落とす、まるで演歌のような節回しで、主旋律をゆったりと大きく吹き、管絃、舞楽、歌物何れにも中心的な役割を果たします。

篳篥の半分は盧舌の良し悪し（葦蘆）にあり、柔らかく大きく吹けて腰がしっかりしている、自分に合った舌が作れれば自ずと吹き上手になり、舌を作り、調整出来るようになって初めて篳篥吹きと言うそうです。

龍笛は西域で使われていた横笛の一種で、龍の啼き声、風の音を模したといわれ、指を変えずに息の強弱で一オクターブ高音が出せ、本来の音を和《ふくら》、一オクターブ高い音を責《せめ》と吹き分けて篳篥を飾るように第二旋律を吹き分け、譜面には区別が無いので唱歌の時にそのつど指示を受けます。

龍笛の主管には曲の前奏である「音頭吹」があり、その短いフレーズの中で、曲の全容を表現する極めて重要な役目を負います。

ただし、吹き込み次第で音が微妙に上り、吹き込む角度によって音が上がり下がりし、管に指を近付けると音が下がるので、吹き馴らしておき、音の調節は指遣いを基本にして篳篥、笙の音を確かめながら奏します。管自体に厚みがあり、指穴も大きいので、指の第二節の腹で押さえて厳しく吹き、空気を切り裂くような迫力ある音が持味で、拍子よりも前に装飾音を吹くかけ吹きや、折る、動く、揺る等の指遣いがあります。

龍笛は唐楽、高麗楽は小振りで一音高い高麗笛、神楽・歌物は龍笛より一音低い神楽笛と使い分けます。笛はその場を清め、天地を繋ぐとされ、神楽の前や当曲の音頭吹き、舞楽の前の「振鉾《えんぶ》三節」を左方の龍笛、右方の高麗笛で退吹します（前述）。

昔、稽古の合間に、龍笛は草野球のピッチャーで四番の鼻っ柱が強いタイプ、篳篥はキャッチャーで辛抱強く周囲の状況を見極め、ドンと構えるタイプが良いと談笑していました。笙は忘れましたが審判でしょうか。独り蚊帳の外に成りかねませんが。

楽琵琶は西域で使われていた多種の中から四絃の曲頚《きょくけい》琵琶が雅楽に使われています。遣唐使の藤原貞敏が唐の名人から学び、琵琶譜と名器の「玄象」「青山」を持ち帰って奏法を教え、琵琶は仁明天皇の御物となって、貞敏は「琵琶の祖」といわれ、当時、琵琶は天皇が弾くものとされていました（何しろ王という字が四つも付くのです）。

結構重く、楽座で膝の上に向こう向きに真横に載せて左手で鹿首を持ち、右手に杓文字型の撥《ばち》を持って構え、一拍目の直前に鋭く打ち降ろし、アルペジオの縮めた和音を弾いて向う側へと縦に大きく回し上げ、琵琶の腹板に戻るや否や、繰り返して奏し、管方はそれに乗って吹奏します。笙と琵琶は肝胆相照《かんたんあいて》らすといいます。

楽箏は十三絃のものが伝来して管絃の合奏、催馬楽の伴奏に用いられ、絃が太くて重厚な音がし、右手の親指、人差し指、中指に竹製の琴爪をはめて弾きます。

奏法は平安時代末期の藤原師長《ふじわらのもろなが》（後述）が著した箏譜『仁智要録』が基になっていて、一拍目を軽く摺《す》った後、下から・・・とアルペジオの和音をリズミカルに強く弾いて琵琶と共に拍子、リズムを管方に伝える役目で、一拍目に旋律の頭の音を弾く為、旋律が推定出来て『仁智要録』から多くの曲が復元されて、絶滅寸前の雅楽の復元に繋がり、師長を雅楽史上最大の大家というそうです。

和琴《わごん》は日本固有の楽器で、神楽等、日本古来の歌物に用います。絃は六本、柱は楓の枝を使い、箏爪の代わりに鼈甲《べっこう》製の小片で絃を鳴らします。

鞨鼓は左方の管絃と舞楽に用い、一発、連続、両手打ちを使い分け、不思議なリズムで全体を縛らず纏まり良く回す、ころがすという難かしい技で、「鞨鼓は一の者」と評して代表を務め、強いて言えば指揮者に相当します。

三ノ鼓は鼓を大きくしたような形で高麗楽に用い、今は一本の桴で演奏しています。

太鼓は四拍子・十六拍、八拍子・三十二拍毎に裏、表と大きく打ち、雅楽に重みを付ける役目で、通常の楽太鼓、野外舞楽用の大太鼓、道楽用《みちがくよう》の担い太鼓があります。

鉦鼓は太鼓とセットで、太鼓を飾るように少しずらしてドチン、ドチチンの如く打ちます。中国の古譜に無く、日本で定められたもののようです。

かつて一世を風靡したオーケストラ指揮者のカラヤン氏が雅楽を聴いて鉦鼓の打ち方に感じ入り、「雅楽は素晴らしい」と言われたと聞きますので特筆します。

笏拍子《しゃくびょうし》は歌物で用い、歌いながら決まった所を一拍打ちます。神職が持つ笏を縦に半分に割った形の二枚を左右に持って打ちます。神楽歌は時に二人、他は一人で打って歌い句頭・扇の要の役です。

いざ演奏

祭儀式の楽は音楽のお供えであり、式の進行に合わせて吹き始め、遅滞なく所定の途中止めを奏して式を厳粛にあらしめるのが祭典楽であり、日々研鑽に励んで最高のものをお供えしたい。雅楽をやれば青二才でも祭典の上段に昇れると教え込まれて年限だけは人並みに勤めてさせて頂いております。

天理教は江戸時代末期の天保九年に大和地方の片田舎の主婦から始まった怪しげな宗教と決

め付けられ、立教以来延々と弾圧が続く中を耐え、先の大戦後にやっと教えが復元出来ました。そして世は戦後の荒廃から奇跡的な復興を果たすも、バブルが弾け、世界は環境問題、コロナの追い討ちや過当競争が元で硝煙が立ち上っています。

世界は狭くなり、自由競争の資本主義の限界も囁かれます。

道標か、ただの枯れ木とみるか。見るも良し　見ざるとも咲く　すみれ花

四　天理教と雅楽

「我は元の神・実の神である。この屋敷にいんねんあり、このたび、世界一れつをたすけるために天降った。みきを神のやしろに貰い受けたい」

とは、親神天理王命が、教祖《おやさま》中山みきの口を通して仰せになった最初の言葉である。と『天理教教典』の冒頭に有り、みきに降りた親神との押し問答が三日に渉《わた》りました。

元の神・実の神とは、人間が陽気暮らしをするのを見て共に楽しみたいと人間を創造した元の神で、爾来《じらい》人間を育てて今も御守護くださっている実の神という意味です。

この屋敷に因縁有りとは、人間を創造し、産み下ろした最初の場所・屋敷である事、

この度とは、人間創造の折に協力した道具衆に神として拝をさせると約束した年限である天保九年十月二十六日到来をもって、みきは人間産み育ての母親役を務められた御魂の因縁により「神の社」となられ、再び人を育てる役目を担われて天理教が始まります。

よろつよのせかい一れつみはらせど
むねのハかりたものハないから　「おふでさき」第　一号　一

そのはづやといてきかした事ハない
なにもしらんがむりでないそや　同　二

このたびハ神がをもていあらハれて
なにかいさいをといてきかする　同　三

ききたくばたつねくるならゆてきかそ
よろづいさいのもとのいんねん　同　六

（註　月日＝親神）

いまなるの月日のをもう事なるは
くちわにんけん心月日や
しかときけくちハ月日がみなかりて　第　十二号　六七

心は月日みなかしている　　　　　　　　　　同　　　六八

かくて、教祖は、口に、筆に、又、手本ひながたによって、種々と手を尽くし、心を配って教え導き、陽気ぐらしへのたすけ一条の道をはじめられた。更に、深い思わくから、親神天理王命の神名を、親里ぢばに名附け、又、一れつのたすけを急き込む上から、姿をかくして、存命のまま、恆《つね》に、元のやしきに留り、扉を開いて、日夜をわかたず守護され、一れつ子供の上に、尽きぬ親心をそそがれている。

まことに、人は、ただ教祖によって、初めて親神を拝し、親神の思召を知る。教祖こそ、地上の月日におわし、我らの親にてあらせられる。

にんけんをはじめたしたるこのをやは
そんめゑでいるこれがまことや　　　　「おふでさき」第　八号　三七

（『天理教教典』第一章「おやさま」抜粋）

我が子を抱き、這えば立て、立てば歩めと、遣って見せ、遣らせ、筆にしるして導かれたが、反対弾圧、教祖へ数々の御苦労が及ぶに至って御教えの実践に逡巡する子供達の心の成人、世界救けの遅れを憂慮されて、子供可愛いそれ故に、定命を二十五年縮めてお姿を御隠しに成られ、いつまでも存命同様に御働き下さると励まされて、今日も存命同様にお仕えしています。

月日にハ世界ぢうハみなわが子　　第　八号　四
たすけたいとの心ばかりで

月日よりたんたん心つくしきり　　第　六号　八八
そのゆへなるのにんけんである

かくて、親神は、教祖の口を通して、親しく、よろづいさいの真実を明かされた。
それは、長年の間、一れつ人間の成人に応じて、修理肥として旬々に仕込まれた教の点睛《でんせい》である。即ち、ここにいよいよ、親神直直のだめの教が垂示された。けだし、十の者なら九つまで教え、なお、明かされなかった最後《だめ》の一点、元の親を知らして、人類に、親神の子供たるの自覚を与え、一れつ兄弟姉妹としての親和を促し、親子団欒の陽気暮らしの世と立て替えようとの思召しからである。

月日にはにんけんはじめかけたのわ　　第一四号　二五
よふきゆさんがみたいゆへから
ちよとはなしかみのいふこときいてくれ

あしきのことはいはんでな
このよのぢいとてんとをかたどりて
ふうふをこしらえきたるでな
これハこのよのはじめだし
（「おつとめ」第二節）

このよふのしんぢつのをや月日なり
なにかよろづのしゆこするぞや
第　六号　一〇二

この世の元初まりはどろ海で、月日親神は混沌たる様を味気なく思召し、人間を造り、その陽気暮らしをするのを見てともに楽しもうと思いつかれて、十の道具を呼び寄せ、その性《しょう》一すじ心なるを見澄ました上で、最初に産み下ろす子数の年限が経ったなら神として拝をさせると約束し、貰い受けて人間創造にかかられた。

この世の元の神・実の神は月日親神天理王命と申し上げ、十全の守護・それぞれの道具の働きの理に神名を授けられた。

月様・くにとこたちのみこと・人間身の内の目潤い・世界では水の守護

（『天理教教典』第三章「元の理」抜粋）

日様・をもたりのみこと・人間身の内の温み・世界では火の守護
いざなぎのみこと・男雛形・種の理
いざなみのみこと・女雛形・苗代の理
つきよみのみこと・男一の道具骨突っ張り・世界ではよろづ突っ張りの守護
くにさづちのみこと・女一の道具皮つなぎ・世界ではよろづつなぎの守護
くもよみのみこと・飲み食い出入り、世界では水気上げ下げの守護
かしこねのみこと・息吹き分け、世界では風の守護
をうとのべのみこと・出産の時、親の胎内から子を引き出す・世界では引出一切
たいしょくてんのみこと・出産の時、親と子の胎縁を切り、出直の時、息を引き取る世話・世界では切ること一切の守護

そして、月様（くにとこたちのみこと）はいざなぎのみことの体内に入り込み、日様（をもたりのみこと）はいざなみのみことの体内に入り込んで人間創造の守護を教えて産みおろし、五分五分と成人してみな出直しを三度繰返し、虫、鳥、獣と八千八度の生まれ変わりを経て一匹の猿に到り、猿から人間が生まれ、海山天地が出来て、五尺に成長し、陸上の生活に至る（大意）。

九億九万年は水中の住まい。六千年は知恵の仕込み、三千九百九十九年は文字の仕込み（つまり文化、学問、医学、諸々の教えも守護の内）と仰せられる。

江戸時代後期の片田舎で誰にでも分るようにと大和仮名遣いと農事や大工の例え話で説かれ、心の成人に応じて順序良く仕込まれた。

それよりもかみのしゅことゆうものは
なみたいていな事でないぞや　　第　四号　一二五

月日よりたんたん心つくしきり
そのゆへなるのにんけんである　　第　六号　八八

たいないゑやどしこむのも月日なり
むまれでるのも月日せわどり　　第　六号　一三一

人間というは、身の内神のかしもの・かりもの、心一つが我がの理。
（明治二十二年六月一日）

身体は親神からの借物。死は古くなった着物を脱いでお返しし、何れ、前生でお世話になったいんねんある人に巡り合うようにまた生まれ出る出直しで、魂は前生までの徳不徳を背負って生き通し、恩の報じ合い助け合いでこの世は成り立つ。死は忌むべきものではなく、生まれ変わる準備入りであり、親しかった人と懇ろにお別れし、合わせて、早く帰って来てくださいと祈るものです。

心遣いは、我がの理として許されてはいるが、親神の心に添わぬ時は、ほこりのように積りかさなり、知らず知らずの内に心は曇って、本来の明るさ（陽気暮らしをするように創られた明るさ）を失い、遂には手も付けられぬようになって（悪いんねん）、一人のほこりは、類を他に及ぼして、世の中の平和をみだすことにもなるから、常によく反省して、絶えずほこりを払うようにと諭され、反省のよすがとして、

「をしい、ほしい、にくい、かわい、うらみ、はらだち、よく、こうまんの八つを挙げ」、また、「うそとついしょこれきらい」と戒められています。

月日にハせかいぢうゝハみなわが子
たすけたいとの心ばかりで
「おふでさき」第　八号　四

にちにちにはやくつとめをせきこめよ
いかなるなんもみなのがれるで
「おふでさき」第　十号　一九

一寸したるつとめなるとハをもうなよ

三十六人にんがほしいで　「おふでさき」第　十号　二六

そのうちになりものいれて十九人

かぐらづとめの人ぢうほしいで　同　二七

なおこの外に、がくにん二十人とおおせられ、計七十五人とされているのがお道の雅楽の依りどころといわれています。

おつとめと雅楽

このところつとめばしょハにんけんを

はじめだしたるところなるのや　第　六号　三六

このつとめこれがこのよのはぢまりや

これさいかのた事であるなら　第一五号　二九

このつとめなんの事やとをもている

よろづたすけのもよふばかりを　第　二号　九

教祖は、陽気暮らしをさせたいとの、親神の思召のまにまに、慶應二年から明治十五年に亙《わた》り、よろづたすけの道として、たすけづとめを教えられ、子供の心の成人につれて元の理を明かし、たすけづとめの全貌を整えられた。（中略）かぐらを主としててをどりに及ぶ。勤めはその意味において、かぐらづとめ、たすけづとめ、かんろだいづとめ、よふきづとめと呼びかえる。

かぐらづとめは、元のぢばに於いて勤める。十人のつとめ人衆が、かんろだいを圍《かこ》み、親神の人間世界創造の働きをそのままに、それぞれの守護の理を承《う》けて、面をつけ、理を手振りに現わして勤める。地歌鳴物の調子に従い、親という元という理一つに溶け込んで、一手一つに勤める時、親神の創造の守護は鮮やかに現われ、（抜粋）と、あります。

（『稿本天理教教祖傳』第五章「たすけづとめ」）

土地所の教会ではその理を承けて、すわりづとめ、十二下りのてをどりが勤められます。農作業や大工仕事などの身近で解《わか》り易い自然の動作と教えられ、理を象《かたど》る事で、見栄えや技巧を凝らすことは必要ありません。

「地歌鳴物の調子に従い」とは地方鳴り物が主導すると言う意味に解せ、「親と言う元と言う理一つに溶け込んで」はお歌の心・世界一れつたすけたい、陽気暮らしをさせてやりたいとの親神の思召しで、教祖の御心に、「理一つに溶け込んで」は、理の上からはてをどりが主体でも、地方鳴物を含めた全てがそれぞれの役割りを全うしつつ心の高低なく相和す事で、参拝の方もお歌の心に溶け込んで、地方の邪魔にならないようにお歌を口ずさみます。

おつとめは日本音楽調で指揮者が無く、決まった速さも無いので、地方が用意万端整った事を確かめて、合図木を叩き、笛の和音《ふくらおん》を耳にして発声する。トン、エー、ヨーローズーヨーと等間隔で入ると教えられていますが、笛は吹き手、吹きようで音が微妙に変るので、琴の方が音を取り易いと考え、合図木の前に、琴が二の音をピンと入れる（添える）方法もあります（中略）。

自分が絶対正しいと思っても、全体の音が結ばれなければ陽気づとめは成り立たず、出来る方から歩み寄るのが助け合いであると聞かされ、慣れ、安易に流れれば癖性分が音、てをどりにも現われると、心すべきであります。

後々千に一つの誤りもなき様にと、教祖御自ら筆を執られて真夜中の暗闇でも筆が走ったといわれる「おふでさき」の最後の一句、

これをはな一れつ心しやんたのむで　第一七号　七五

「みかぐらうた」を残され、節を作り、鳴物と踊りを付けたおつとめを直々に教えられ、折々

のお伺いに対する「おさしづ」の『三原典』を残され、何度も繰り返し説かれた「どろうみこうき」、そして現身を隠された後は「存命同様に働く」と、正に実の親なればこその至れり尽くせりで、『三原典』と確かな『言行録』から『天理教教典』『稿本天理教教祖伝』『稿本天理教教祖伝逸話篇』が編纂されました。中には個々の事案に対するお答えもありますが、未来永劫普遍性を持つべきものと解釈されています。

お道の雅楽の意義

雅楽が正式にお道の祭典楽になったのはいつか、定かではありませんが、道明け以来弾圧の連続で、明治政府は「万世一系の天皇」の下、神道を国教として世界の列強を目指し、雅楽は民間でも習得出来るようになる一方で、他の宗教を弾圧し、教祖に二十回に迫る御苦労が及ぶに至って、公認さえ得られたらと一縷の望みを託して神道に肖《あやか》り、雅楽を習う人もいたのでしょうか。

教祖の御葬儀の楽は春日大社等の楽人が勤めましたが、五年祭の頃には天元組や郡山などお道の人が一部加わったのかもしれません。

「わしはどこにもいてはせんで。魂はぢ場に留まって存命同様に働く」というお言葉が降りて一同奮起し、教勢が飛躍的に伸び、内務省から「天理教撲滅」の秘密訓令が出され、集会、布教が禁じられると海外へ雄飛する人が続出しました。そういう時代、更に、みかぐらうたを停止させられるに至って、初代真柱様は苦渋の選択を迫られて、万《ばん》已《や》むを得ず大和舞「神の御國」の中から十五首を選定し、宮内省式部職楽部に楽と舞の制作を依頼して、おかぐらで耐え忍ぶという断腸の思いの時代があり、明治三十九年には本部の先生方が時の宮内省雅楽部楽長はじめ楽師に学んで、教祖二十年祭に大和舞を奉仕しています。

その「神の御國」は四人の舞人が歌、笏拍子、和琴、笛、篳篥の伴奏に合わせて舞い、昭和八年春のおつとめ復元の喜びは如何《いか》ばかりかであったことでしょう。

大正十年頃に出来た河原町大教会の雅韻会のように教会ごとに雅楽会を組織するところが現われ、講習会や演奏会が次第に開かれるようになって、大正十二年には本部でも会活動が始まります。

雅楽がいつから祭典楽となったか定かではありませんが、それを諮る場で二代真柱様は「雅楽を置いて他に無い」と一言で以《も》って答えられたと伝え聞きます。

昭和十二年、天理中学設立、課外活動発足を皮切りに、学校教育に雅楽を導入推進した先鞭で、天理教音楽研究会に雅楽部門を設置し、天理大学では廃絶曲、舞の復元や道具、装束などの自作にまで取り組み、天理雅楽を海外に紹介する活動を展開して、昭和四十三年の真柱継承奉告祭の折に行われた三千人の大合奏は雅楽界に衝撃を与えました。例え三千人の演奏者は揃え得たとしても集まった拡《ひろ》がりは広く、仮に100メートルとすると約0・3秒遅れの音が邪魔になり、指揮者が立って、見て合わせるという至難の技でしたでしょう。その後も規模こそ違え、折々に大合奏が実施されています。

おつとめと雅楽について。

国によっておつとめを停止され、大和舞（＝雅楽の一分野）から編曲した「おかぐら」で凌いだ「雌伏《しふく》」十余年間の先人先生方の悲喜こもごもは察するところ余りあり、私達雅音会は「祭典の雅楽は音楽のお供えであり、最高のものをお供えしたい」と教えられて雅楽に取組み、当時を偲んで「神の御國」の舞台演奏復元を目指します。

一般諸芸が人間の情緒表現を主体にしている点について、雅楽はそれを超越した域に昇華していること、各々の役割りを全うしつつ上下の隔てなく阿吽《あうん》の呼吸で奏す点と、おつとめが神人和楽の陽気世界を具現する為に、それぞれが異なる役割を果たしつつ一手一つに勤める事は雅楽と酷似していて、おつとめの修練の上で雅楽の歌、舞い、楽器の取り扱い、演奏法が資するところ極めて大きく、逆からいえば雅楽の習練によっておつとめの音楽的な素晴らしさが真に理解でき、深まるとも考えられます。

（『雅楽稽古抄』天理教青年会、『お道と雅楽』佐藤浩司氏著より抜粋）

五　歴史の中の雅楽

雅楽の起源は今から三千年前とされる中国・周時代の亀甲文字の中に十二律の固定音律を駆使していた名残が見つかり、その後、十二律の固定音は円周九分、長さ九寸の管を吹いた音を標準音（黄鐘・ラ）とした雅楽風のものが演奏されていたようです。

古代の東アジア大陸や東南アジア、インド、西域、北方など広範な地域から宗教、芸能、娯楽など様々な分野の芸能が中国の隋、唐や朝鮮半島に集まり、楽曲として整えられて日本に伝来します。

大和時代。外来音楽として記録の上では允恭天皇の葬儀時に**新羅**の楽人多数が歌舞をしたのが最初です（当時は大王《おおきみ》で、天皇という呼称は天皇紀・西暦620年以後）。

継体《けいたい》天皇崩御が『**百済《くだら》本記**』には「日本天皇及び皇太子、皇子倶崩薨《ともほうぎょ》と共に欽明《きんめい》天皇即位、蘇我の稲目《いなめ》大臣就任」と記され、稲目は自分の娘たちを欽明妃、用明《ようめい》妃にして権勢を振るい、百済の楽人四人を呼びます。

飛鳥時代（約百年）推古天皇（女性初）が即位します。厩戸豊聡耳皇子《うまやとのとよとみみのおうじ》は十九歳で皇太子・摂政となって程無く推古の宮と二十五キロメートル離れた斑鳩・妃の実家に居を移し、第一回遣随使派遣、冠位十二階、憲法十七条制定、法興寺（飛鳥寺）、法隆寺（斑鳩寺）四天王寺など四十を超える寺院を建立、『国記』『天皇紀』を著述します。雅楽導入に尽くしたと偉大な功績を謳われていますが、天皇の財で蘇我御殿を取り囲むように巨寺を作った（蘇我御殿を要塞化した）こと、太子の没後間もなく親族も没し、太子の子も後に自殺に追い込まれ、聖徳太子の名は諡号《しごう》（死後につけられた名前）らしく、謎の多い人です。

大化の改新後も遣唐使などで先進文化、雅楽技能、楽理論も楽器も持ち帰ります。

第二回遣随使として小野妹子を派遣します。翌年、小野妹子が隋の答礼使・裴世清《はいせいせい》を案内して帰国した際の帰国報告書には、

「兵あれども征戦無し。その王、朝会には儀仗を陳設《ちんせつ》し、国の楽を奏す（抜粋）」「楽に五絃

の琴と笛有り」「文字無し。ただ木を刻み（後略）」、と記しているそうで、古来、歌踊があり、泥棒も落ちている物を拾わなかったと、恐怖政治を窺《うかが》わせます。

奈良には湖があった？

裴世清一行は難波《なにわ》で飾り立てた三十艘《みそぶね》（三十人乗りか？）に乗り換えて三輪の辺りに上陸したと記されていて、近年、舟止めの遺構も随所で発掘されています。

大軽《おおがる》・応神《おうじん》天皇の軽島豊明宮《かるしまのとよあきらのみや》の地に百済の王仁や阿直岐《あちき》が「論語」や「千字文」を持って上陸した陸内港があり、橿原は古代の港町でした。歴史書の何処にも書かれていない大和湖があったと樋口清之氏が『逆・日本史』（詳伝社・昭和62年刊）で述べています。

厩戸皇子《うまやどのみこと》が没し、推古天皇崩御後、蝦夷《えみし》が推した舒明《じょめい》天皇が詠んだ歌、

大和《やまと》には　群山《むらやま》あれど　とりよろう　天《あま》の香久山《かぐやま》　登り立ち

国見をすれば　国原は　煙たち立つ　海原は鷗立ち立つ

うまし国ぞ　蜻蛉島《あきつしま》　大和の国は　　　　（『万葉集』）

御製かどうか確証が無いという説もあり、天の香久山の裾の埴安の池は大和の海原と詠むには小さ過ぎると述べています。

大陸や朝鮮半島の戦乱から逃れた人達が金属器や先進文化を持って大挙渡来し、生産性が飛躍的に高まって国が飛躍的に発展し、平安時代には唐に並ぶ程の繁栄をもたらしたのは棚の上に飾った大黒様で、俵の上に座して打ち出の小槌を振っている姿です。影の主役は「お米」でした。大挙移民には大きな弊害も有った筈で、新生日本の尊厳を示す為に『記紀』や『万葉集』、『地方風土記』を編纂して神話や寓話で「平和」を飾り、暗部は大和湖と共に埋められて忘れ去られ、敢えて掘り返す人もいないのでしょう。

飛鳥時代に**高句麗**の楽人の渡来、帰化が始まり、**秦河勝**《はたのかわかつ》が帰化して四天王寺の舞楽に奉仕し、後陽成《ごようぜい》天皇の時に官位を賜って京都、奈良の楽人と共に奏楽するようになって、後の岡氏、東儀氏、薗氏、林氏、安倍姓東儀氏の祖となります。

推古天皇時、百済の**味摩之**《みまし》が**伎楽**《ぎがく》（呉楽《くれがく》）を伝え、「呉楽《ごがく》」が「娯楽《ごらく》」の語源らしく卑俗的な為か、絶え、近年天理大学等によって復元されました（後述）。

７０１年、大宝律令によって官制の組織「**雅楽寮**」（うたまいのつかさ／うたりょう／楽人を養成する音楽大学のようなもの）が設けられて、楽官以下歌師四人、笛師二人、唐楽師十二人、高麗楽師四人、百済楽師四人、新羅楽師四人、伎楽師一人、楽生、事務職含め総勢二百三十人に上り、百年以上存続します。

中でも、**大戸清上**は多種の音楽を習得し、**和邇部太田麻呂**《わにべのおおたまろ》は**常世乙魚**《つねよのおとうお》ら多くの演奏家を育て、百十三歳で少年の如く舞ったと伝説化して語られる笛、舞の名手**尾張浜主**《おわりのはまぬし》らと今日の雅楽の礎を築いたといわれます。

遣唐使・粟田真人が「皇帝破陣楽《おおだいはじんらく》」「春鶯囀《しゅんのうでん》」などを伝えます。

奈良平城京に遷都《せんと》したのは710年です。**奈良時代**八十年の始まりです。太安万侶《おおのやすまろ》らによって『古事記』『日本書紀』が編纂されて独立国としての体裁を整え、諸国に『風土記』の編纂を命じます。

太安万侶の子孫の多自然麿《おおのじぜまろ》が楽家多氏の中興の祖となり、現在に至ります。

吉備真備、阿倍仲麻呂らが唐へ留学し、吉備真備は楽器、銅律管、楽書要録、楽譜などを持ち帰って雅楽興隆に資しますが、阿倍仲麻呂は玄宗皇帝に厚遇され、詩人李白や王維とも親交を結んで、帰国の餞別の宴で詠んだ和歌が有名です。

天の原ふりさけ見れば春日なる
三笠の山にいでし月かも
阿倍仲麻呂

ところが帰国の舟が難破し、やむなく唐に戻って望郷に身も焦がれながら亡くなりました。遣唐使の成功率は当時にして六～七割だったといわれ、雅楽を含めた当時の先進文化は先人たちの決死の覚悟によってもたらされたものと、当時が偲ばれます。

蛇足ながら神功皇后の朝鮮征伐の挫折、元寇、秀吉の朝鮮征伐、日露日本海海戦と数々の「異変」が起った日本海は当時、魔の海域だったのでしょう。

渡来文化に圧されて影が薄くなった日本古来の歌舞を復興する為か、天平中頃、雅楽寮とは別に「**歌舞所**」が設けられ、折しも東大寺大仏開眼供養が太上天皇・聖武、孝謙天皇臨席のもと、天竺（インド）の僧・婆羅門《ばらもん》**菩提僊那**《ぼだいせんな》、**林邑**《りんゆう》（ベトナム）の僧・**仏哲**《ぶってつ》らによって荘厳に行われて、当時の主だった芸能が総勢数百人で余すところなく繰り広げられ、この二人が伝えた**林邑八楽**《はちがく》「胡飲酒《こんしゅ》」「迦陵頻《かりょうびん》」「万秋楽」「安摩《あま》」「陪臚《ばいろ》」「抜頭《ばとう》」「蘭陵王《らんりょうおう》」「菩薩」は今も良く演奏され、この頃に『**万葉集**』が完成したと考えられます。

大化改新から百五十年。平安遷都により**平安時代**四百年の始まりです。漸く平安が訪れ、雅楽寮は約百三十人に縮小され、雅楽寮に代わって近衛府の官人が楽舞を演奏するように変わっていき、現在の楽家の基が出来始めます。

京都方（大内楽所）楽家は石清水八幡社に属し、宮中、京都の社寺の楽事に携わります。

安倍家、豊原家（現在は豊家）、多家（大神・山井）は戦後絶えます。

南都方楽家は春日大社に属し、奈良の社寺の楽事、宮中の左方の楽舞を主に従事します。

上家、辻家、東家、狛家、奥家、窪家、久保家、芝家です。

四天王寺楽家（渡来人・前述）

「歌舞所」が「**大歌所**」となり、歌舞だけでなく伴奏の楽も伝習するようになります。

そして「**内教坊**」という女性の楽人の府が出来、盛んに女楽が奏されるようになって日本的な歌舞の復興独立が促され、雅楽寮は外来音楽部門化します。

雅楽は真剣勝負の音楽

平安の安定期に入ると左大臣、右大臣の如く、官職制度の改正が行われて、雅楽はいわゆる軍人系の近衛・衛門・兵衛の左右六部制の衛府の下に置かれます。
左衛府・左方の楽（唐楽、天竺楽、林邑楽、胡楽等）
右衛府・右方の楽（高句麗楽、百済楽、新羅楽、渤海楽《ぼっかいがく》）
楽器は大幅に整理されて現在の形になり、軍事の近衛府が責務と相反する雅楽を担い、雅楽寮は次第に形骸化していったとありますが、内実は雅楽寮二百三十人の合理化で、雅楽を衛府へ移し、外国語の歌や維持に困難が伴う楽器等を整理して天皇まで加わって日本風の作曲、演奏に特化し、世界に誇れる伝統芸能にまで高めたのでしょう。

仁明天皇は嵯峨天皇の皇子に生まれて学業、諸芸に秀で、和琴と催馬楽を**広井女王**《ひろいじょおう》と源信から、箏を**源信**《げんしん》から学び、雅楽を「左方」「右方」に分けて整理し、雅楽器をほぼ今の形に整理集約を敢行しました。簡素化がその後の雅楽の国風化《くにぶりか》を推し進めて一大発展する元となり、自ら「承和楽」「西王楽」等を作曲した他、天皇後継をそれまでの原則を崩して直系が継ぐように変えるなどなかなかの手腕家で、結果的に最後の遣唐使（838年）となる藤原常嗣に、琵琶の名手**藤原貞敏**《ふじわらのさだとし》、**琴**《きん》（中国から伝来の七絃の琴で琴柱《ことじ》が無く、勘所を指で押さえて弾きます。弾き方が難しくて音も小さいので正倉院入り）の名手**良岑長松**《よしみねのながまつ》、笛の師の**大戸清上**を音楽の長として唐に送り、大戸清上は帰国の船が遭難して惜しくも不帰の人となります。

藤原貞敏は唐で秘伝を修めた琵琶の名人で、名器「玄象」「青山」（何れも仁明天皇の御物になる）、琵琶譜を持ち帰り、日本に伝えて「琵琶の祖」といわれます。

清和天皇が左右の官人に奏楽させたのが契機となったのか、「雅楽寮」とは別に楽舞いをする官人の集まり所として「楽所」が置かれた模様で、後に官制の「雅楽寮」は有名無実になり、「楽所」が本拠になっていきます。

武芸奨励の為に「相撲《すまい》」や「賭弓《のりゆみ》」「競馬《くらべうま》」等を左右で競い、勝った方が演奏する勝負楽が生まれ、更に左右の曲を番・対で舞う「番舞《つがいまい》」の形が出来、雅楽演奏そのものも競って天皇自ら演奏し、作曲して白熱化を進め、雅楽の音楽性を高めます。

清和天皇の第二皇子**貞保親王**は「南宮」と称し、管絃に長じ、特に笛の名人で琵琶譜や笛譜を著しました（貞純親王の子・経基王が源姓を賜って清和源氏の祖となります）。

菅原道真は若年より際立った才をうたわれた漢学者、漢詩人、歌人で宇多天皇の時、信任を得、遣唐使に決まっていましたが、道真は唐の争乱を見て中止を進言し、裁可されます。醍醐天皇の時、右大臣まで昇りますが、左大臣藤原時平に中傷されて九州大宰府に左遷され、傷心の内に詠んだ有名な歌、

東風《こち》吹かば　にほひおこせよ　梅の花
主《あるじ》なしとて　春を忘るな

道真没後、都に数々の異変が起こったので祟《たた》りではないかと北野・大宰府両天満宮に祀《まつ》ります。

つい先年国中の話題を攫《さら》う「大事件」（良い意味で）が起きました。

初春の令月にして、気淑《きよ》く風和《やわ》らぐ

太宰府の帥（長官）大伴旅人（家持の父）が開いた「梅花の宴」の序文です。

平成天皇が辞意を表明し、一代限りの特例として代替わりした新天皇の元号「令和」で、判明している限りでは初めて日本の古典から出典したということです。

一躍、太宰府天満宮詣で賑わい、道真公も微笑んだでしょうか。

ここには日本一の規模と設備の「雅楽御堂」があります。

唐が滅んで、発祥国の楽も（ほぼ）絶え、雅楽が日本固有の伝統という事になります。

国交が絶えると渡来文化に国風化の波が起り、雅楽もその例外ではありません。

道真を見出した**宇多天皇**は後裔《こうえい》に優れた雅楽家を綺羅星の如く輩出します。

第一皇子**醍醐天皇**は自ら親政を行い、その皇子克明親王が生んだ**源博雅**（通称源三位）は雅楽器を全て使いこなす天才と言われ、現在も舞楽の退場曲として演奏される習わしの「長慶子《ちょうげいし》」を作曲し、謡物では藤家流の始祖で、四男至光を経て藤原道長の次男頼宗へ伝わり、俊家（後述の『古今著聞集』にある催馬楽「桜人」）、宗俊、等々を経て中御門藤家へと受け継がれます。

そして六代後の平安末期に藤原師長《ふじわらのもろなが》（後述）が出てきます。

第八皇子**敦美親王**《あつみしんのう》は雅楽のみならず諸芸に優れ、左大臣藤原時平の娘と結婚し、雅楽家として活躍する**源雅信**（謡物の源家流の祖で子孫が綾小路家に続く）、重信、寛信を生み、三人は源姓を賜って臣籍降下、宇多源氏の祖となります。

敦美親王は琵琶の演奏にも優れ、その秘曲を**蝉丸**（平安前期の伝説的歌人。親王の雑色説、醍醐天皇の第四皇子説あり、盲目で琵琶、琴の名手）が聴いて学び、蝉丸に源博雅が三年通って習得したといいます。

日本古来の歌舞（神楽、東遊、久米舞等）が雅楽に組み込まれて歌物部門となり女性排除に繋がります。平安時代に楽式化された「**催馬楽**」（俗謡を歌う）、「**朗詠**」（漢詩を歌う）が加わり、特に催馬楽は雅楽曲演奏の前に盛んに歌われました。

天徳の歌合せ

村上天皇（琵琶の名人）の天徳四年（960年）清涼殿で行われた「天徳内裏歌合」が三月二十日午後四時に始まります。

「判者」小野宮実頼、左方「講師（詠み上げ役）」源延光、右方「講師」源三位・源博雅。三

番御題「鶯」を博雅が間違えて「柳」を詠んでしまい、促されて読み直した時には音に聞こえた雅楽の名手の声も震えていたといいます。最終二十番「恋」は左方壬生忠見《みぶのただみ》と右方平兼盛がいずれ劣らぬ傑出した歌で判者が判じかね、天皇のご様子で兼盛の勝ちにしたという曰く付きの歌、

忍ぶれど　色に出でにけり　我が恋は
　ものや思ふと　人の問ふまで
平兼盛　『百人一首』

結果は左方十一勝四敗五引き分けで左方の一方的勝利の後、音楽の御遊となり、雅楽の催馬楽を歌った後、左方「春鶯囀」、右方「柳花苑」が舞われて延々十三時間、天皇が退出されたのは翌朝午前五時で、会心の歌を詠んで負けた壬生忠見は負けた心痛が元で亡くなってしまったといわれています。その歌は、

恋すてふ　わが名はまだき　立ちにけり
　人知れずこそ　思ひそめしか
壬生忠見　『百人一首』

これが図らずも当時の政治の実権を相争う左方藤原氏、右方源氏が歌で対決し、勝者となった藤原氏がその後、政治の実権を握りました。詩歌管絃は単なる娯楽行事ではなく（雅楽も）、

命懸けで対決した証左で、以後の歌合せのお手本にもなり、雅楽共々昇華して平安の王朝文化を彩ります。

旧都奈良の八重桜を一条天皇の中宮彰子（藤原道長の娘）に献上することになった紫式部は自分の役を新参者の伊勢大輔に譲ってしまい、大輔はお歴々方がずらり居並び、お手並み拝見とばかり些《いささ》か意地悪い目も混じる中、臆することなく詠《うた》います。

いにしへの　奈良の都の八重桜
　　けふ九重に　にほひぬるかな
　　　　　　　　　　　　伊勢大輔　『百人一首』

旧都に咲いた八重桜を愛で、宮中の繁栄を讃え旧都を偲ぶ。いにしへとけふ、八重（奈良）と九重（宮中）を対比させ機知溢れる即興歌と絶賛（『ベネッセ古語辞典』）。

中宮彰子に仕えていた当の紫式部も胸を撫で下ろし、同じ仕え人の和泉式部も、一条天皇の皇后定子に仕える清少納言（『枕草子』著）もその場にいたでしょう。

紫式部は自身が新婚の内に夫と死別する不遇を乗越え、女官の透徹した目で、雅楽史に名高い源博雅始め百花繚乱をモデルに、大胆にも天皇の皇子を臣籍《しんせき》降下する比類ない貴公子に見立て、雅楽と和歌を散《ち》りばめて悲しい程に美しい王朝絵巻の『源氏物語』を書き上げ、哀れを誘う黄昏の影を添えて華麗さを際立たせる凄さは例えようも無く、その長編物語を天皇も愛読したといいます。

後に双璧とも目される『平家物語』（作者不詳）の大作が生まれ、琵琶法師が弾き語る平氏の末路の無常観が実に対照的です（直頚《ちょうけい》琵琶）。

後白河法皇は今様、民謡の集大成「梁塵秘抄《りょうじんひしょう》」を編集し、稲作神事に因む「田楽」を自ら舞ったとされ、田楽は能よりも早く成立して鄙びた農村部に伝承されています。

平安時代末期、太政大臣**藤原師長**（1138～1192）は歌物、管絃に優れ、特に琵琶（＝曲頚の楽琵琶）、楽箏の名手で、琵琶譜『三五要録』箏譜『仁智要録』を著しました。

曾祖父宇多天皇という雅楽生粋の血筋の子として生まれましたが、父頼長・保元の乱の首謀者の縁坐で土佐に八年間流され、十五年後には後白河法皇の近親ということで平清盛の逆鱗に触れて尾張へ流され、今の名古屋市瑞穂区に二年に渉って留《とど》まり、琵琶を弾じき、和歌を詠じて傷心を癒すつれづれです。熱田明神の法楽に琵琶の秘曲を弾じたところ、神が感動したのか、神殿が大層震動したと言い伝えられています。

法名を妙音院と号し、師長町、妙音通の地名と地下鉄妙音通の駅名として残っています。帰京の折、嘆き悲しむ豪族の娘に名琵琶「白菊」を授けたが、娘は琵琶を抱いて入水してしまったという哀れな伝説が残されています。

後の応仁の乱によって多くの雅楽曲が廃絶し、楽師や楽器、資料も失われて絶滅の危機に瀕しますが、師長が著した『楽書』を基に多くの曲が復元されて絶滅を免れ、師長は後に雅楽史上最大の大家とも称賛されていますが、名古屋が芸どころといわれるのも師長の置き土産かも知れません。

日本古来の歌踊は舶来の雅楽に圧されて影が薄くなり、平安時代の楽制改革で雅楽者が歌舞も演奏するに至って女性は排除され、女性が雅楽に携われるようになるのは後の応仁の乱以降へと翻弄されます。

飛鳥時代に渡来した伎（呉）楽は卑俗的な為か、格調高い雅楽に圧されて途絶えてしまいましたが、昭和五十五年の東大寺八百年記念法要を期して屋根の葺き替えが行われ、重い瓦を下ろすと屋根が浮き上がり、木は生きている、と良材と伝統工法の優秀さに驚き、一旦途絶えた伎楽も曲・芝祐靖《しばすみやす》、舞・東儀和太郎《とうぎまさたろう》（共に元楽部楽師）、装束・吉岡常雄、監修・小泉文夫、笠置侃一《かさぎかんいち》ほか諸先生によって復興、演技演奏・天理大学雅楽部で復元演奏されて、当時が彩り鮮やかに再現されました。

その後、薬師寺で毎年、玄奘三蔵《げんじょう》の取経《しゅけい》の旅を演じ始め、玄奘役は田村高廣さんから山田吾一、水谷良重、中村時蔵さんら錚々《そうそう》たるメンバーで演じられていて、「能に対する狂言」のように「雅楽に対する伎楽」を残すべく、復元に努めています。

歴史に翻弄された雅楽者たち　雅楽絶滅の危機

平安時代四百年は中央集権国家が貴族の台頭を生み、建築、芸術などの国風化によって後発国だった日本が中国に追い付き追い越すほどの貴族文化を築きましたが、武家の台頭によって武家社会・鎌倉時代へと移行し、武家同士の対立で天皇が二人立つ南北朝時代が六十年続きます。

楽家《がくげ》は戦に敗れるとその家の伝承曲が絶えるため、どちらが斃《たお》れても秘曲が残るように兄弟や楽家同士が敢えて敵味方に分かれて雅楽を守ったのです。

戦の傷跡が癒え切らない内に十年に及ぶ応仁の乱が勃発し、雅楽は壊滅的な打撃を受け、雅楽界で大戦といえば応仁の乱を指すそうです。

幸い奈良・春日大社と大阪四天王寺の被害は比較的軽くて済み、辛うじて絶滅を免れる要因の一つになりました。

笙一管の吹奏で戦が終決

雅楽稽古の合間に森下先生から聞かされたのが、「笙一管の吹奏で戦が終決した」という話です。

「砦方は戦い甲斐なく、矢折れ、辛うじて夕闇に救われて立て篭《こ》もり、明日は全員討ち死にと悲壮な覚悟の仮眠の中、突如、笙一管の音が蕭々《しょうしょう》と天に向かって立ち昇り、殷々《いんいん》と吠える如く広がり、或いは嫋々渺々《じょうじょうびょうびょう》と咽《むせ》び泣く如く山野に染み入った。

折しも山月が昇って、砦を取り巻く軍勢を浮かび上がらせたが、やがて月が叢雲《むらくも》に隠れると全山は漆黒の闇に呑みこまれてしまった。

長い夜が明けて朝日が照らし出したのは、焚火の後の煙があちこちで糸のように立ち上っているのみで一兵残らず霧散した敵陣地だった。笙一管だけの音は山城を取り囲んでいた兵士たちの心も揺さぶり、無事帰還を心待ちにする家人たちを思い出させ居ても立ってもおれなくなって、闇夜を幸いに皆、戦場を放棄してしまったので、武将たちも撤退を余儀なくされた」という。笙一管の演奏で戦を止めた大変な名人がいたもので、もしかしたら、それが雅楽絶滅を救う一因になったのかもしれません。

『古今著聞集』に、秘曲伝承の話として、**豊原時元**から笙の秘曲を伝授されていた**源義光**が足柄山で戦の最中に時元の子・**時秋**に伝授したとあります。

秘曲は後の明治に楽部が共有するようになるまでは一家一身のもの（伝承するのは一人）だったので、死を覚悟して伝授し、後継に託したのでしょう。

狛近真《こまのちかざね》が三大楽書の一つで雅楽の知識の宝庫ともいわれる『教訓抄十巻』（１２３３年）を著し、他の楽家の伝承にも触れ、廃絶曲の復元に欠かせないということです。孫、**狛朝葛**《こまのともかず》が『続・教訓抄』を著しました。

豊原統秋《とよはらのむねあき》は応仁の乱で雅楽が絶えるのを憂い、『體源抄十三巻』（１５１１年）『舞曲口伝』を著しました。豊原氏は天武天皇の大津皇子の末裔といわれ、現、豊《ぶんの》楽家の祖です。

私事ながら、愛知教区指導者講習で、幾度か、豊英秋《ぶんのひであき》師のご薫陶に浴しました。

安倍季尚《あべすえひさ》は『楽家録』（１６９０年）を著し、『教訓抄』『體源抄』と共に「三大楽書」といいます。

織田信長が戦国の世を治め、絶滅寸前の雅楽に保護の手を差し伸べたので、それを徳として今も雅楽の幕や道具に織田の紋を用いていると聞きます。

豊臣秀吉によって安土桃山時代に入り、朝廷の復興、雅楽立て直しへと向かいます。

比較的しっかりしていた四天王寺の楽人を主体にして奈良（春日大社）、大内楽所（京都御所）を宮中に呼び集めて「三方楽所」が組成され、四天王寺と奈良は従来の所属と掛け持ちで活動する中で、残された数々の資料を手掛かりにして復元の動きが起り、徳川時代になると江戸在住の楽人が紅葉山に召集されて三方楽所と共に復興に拍車をかけます。

雅楽は明治元年東京遷都に続き、三年に太政官の中に雅楽局が置かれ、京都の三方楽所と紅葉山楽人を召集するのですが、長い間大社仏閣の庇護のもとに細々と生き延びてきた体質か、新しい暮しや任務への不安か、百人が東京に揃うのに八年かかります。

宮内省が宮中の宴の為に洋楽の専属楽団を持ちたくて、楽師に所管違いの海軍軍楽隊から洋楽を習わせようとして一悶着を経て、晩餐会などの洋楽と雅楽の兼務が現在まで続きます。楽師に学校の洋楽教師を養成させようとしてストライキにまで発展したそうで、渋々応じます。

この頃、楽家一子相伝の秘曲の大半は楽部が預り共有となります。

明治四十一年に宮内省式部職楽部と改称され、現在の宮内庁式部職楽部に繋がっていますが、楽師は国や皇室行事で手一杯で、民間の雅楽関係者も大社仏閣の奉仕までで諸芸の様な家元制度に至らず、積極的な普及伝承活動が後手になって一般に広く普及せず、未だに祭儀式の特別な音楽という印象が払拭できていません。

現代はクラシックから演歌まで様々な音楽が溢れ、明治初期の洋楽普及に貢献した雅楽は今や火鉢の埋火《うずみ》のようですが、それでも大陸等から伝来した雅楽が当初の原型を留めて千五百年伝承されてきたことは世界の驚異で、発祥の地では遺跡等に形骸を留めるのみのものが何故日本で生き残ったのかが、世界の関心の的です。

雅楽が何故　千五百年間伝承されてきたか

世界では征服者が敗者の文明まで破壊してしまう事が繰り返されてきました。雅楽は中国大陸や朝鮮半島の文化芸能でした。発祥の地で絶えた芸能が、いわば敵国で綿々と伝承されてきた、不思議な国、日本ということです。

古代、中国大陸や朝鮮半島でも領土の争奪が繰り返され、そこから逃れた人達が大挙日本へ押し寄せて来ました。それが日本の近代化の幕開け、黎明期と言えます。

当然、言葉が通じず、食べ物や暮しも違い、新たな感染症も伴《はびこ》って大きな混乱が起ったでしょうが、先進文化には勝てず、渡来者たちはどんどん勢力を伸ばしました。その頂点が窮鼠猫《きゅうそ》を噛んだ大化の改新でしょう。

しかし、渡来者たちが多過ぎて排斥《はいせき》はできませんでした。

先進文化が欲しくても先進国と敵対したくない、その力もないという事情も有って、船来信仰は明治の比ではなく、雅楽も尊重され、貴族社会の中で成熟し、日本古来の歌踊も復興されましたが、武家の台頭で貴族社会が崩壊すると応仁の乱を最大の危機として、武家社会が安定するまでの雅楽は大社仏閣に身を寄せ、武家社会の安定によって雅楽も保護されて息を吹き返します。

かって蘇我が仏教を取り入れて神道と軋轢はあったものの、融和してしまいます。

正月には神社に初詣し、盆にはご先祖の供養をし、年末にはクリスマスを祝う不思議な国・日本なのです。王室が二千年続いた国は世界に類がなく、良くぞ存続させたものと思います。

山は高く、裾野は広く。

雅楽とて同じで、伝承する人がいて、それを保護する人がいて、それを見守る人がいて続いたことは今後も変わらないでしょう。

その雅楽を東儀俊美師（故人）は雅楽「神韻《しんいん》」の中で、

「雅楽は、飛来した種を長年かけて育て上げた、名実ともに日本の芸能といえよう」

と言っておられます。そして楽師さん方は、

「改良の余地が全く無い程昇華している」

「大多数の忠実な雅楽者によって伝承されてきた。もし、ごく少数の天才によって改作されていたら今の雅楽は無い。伝承が私達の使命です」

といいます。遠いご先祖から脈々と伝承されてきたものを大切にするのが日本なのです。

「中国人は記録の天才」「日本人は保存の天才」なのです。

雅楽が世界の音楽に

昭和三十年に「宮内庁式部職楽部の雅楽」が国の重要無形文化財に指定されます。

昭和三十四年に楽部の雅楽が初めてアメリカで公演をし、一か月半の間に国連会議場、ニューヨーク、ワシントン、ボストン、サンフランシスコ、ロサンゼルス、カリフォルニア、ハワイと回って都合三十四回、国連総長をはじめ世界の要人を前にして堂々演奏する雅楽史上で最大の快挙となりました。

ある時、演奏が終わるや否や、つかつかと進み出たある世界的な権威ある人物が、

「素晴らしいの一語に尽きる。こういう伝統芸能に携わる方達は余事に煩わされる事無く、伝承に専念して貰いたい」

と仰られ、楽師さん達は思わず俯いた、と聞きます。それもそのはず、楽師さんは洋楽、雅楽を掛持ちしているのですから……。そして、後でそっと、

「洋楽、雅楽の違いさえ弁《わきま》えていれば、何という事も無い」

昭和四十一年国立劇場落成を祝して楽部の記念公演が行われ、日本が世界に誇る各種の伝統芸能と並び広く公開されて、雅楽への理解を深める礎になりました。

そして「楽部の雅楽」がユネスコの世界無形文化遺産にも登録され、世界各地で困難をおして雅楽に取り組む人達が現われたと聞きます。

拍子、人の声の抑揚の様な節回しや指揮者無しに合わせる音楽は当然緩《ゆる》いが、世界の人々は助け合い、安らぎとか、音楽の故郷を感じるのかも知れません。

急

六　名古屋市指定無形文化財・催馬楽「桜人」

催馬楽《さいばら》は平安時代の貴族社会の中で歌合せや競馬《くらべうま》、騎射《きしゃ》、相撲《すまい》など様々な催しの折に、雅楽の一環として、左方藤家流《とうけりゅう》（始祖・源博雅《みなもとのひろまさ》）、右方源家流《げんけりゅう》（朗詠の始祖・源雅信《みなもとのまさざね》）が競って歌い、六十余曲ありましたが、貴族社会、雅楽本体と運命を共にして大半が廃絶し現在演奏されているのは十曲程度で、復元の動きがあります。

岐阜に因む「席田《むしろだ》」があるように、「桜人《さくらひと》」は名古屋市の笠寺辺りで歌われた俗歌を雅楽にのせて歌う、愛知に因む唯一の雅楽曲で、戦後、長野県で藤家流の譜の一部が発見されて直ちに名古屋市の無形文化財に指定され、羽塚堅子氏に復元が託されました（羽塚氏は江戸末期から明治にかけて活躍した尾張徳川家楽人系の祖父・慈明（号・秋楽）の孫で、慈明の弟・慈住が東本願寺の初代楽頭になって以来（堅子氏は四代）六代まで羽塚氏で務める民間雅楽界の名門）。

「桜人」は中部雅楽連盟が復興演奏して無形文化財に再指定されましたが、人が揃わなくなって、句頭の伊藤嘉宏氏が舞楽を指導していた雅音会の有志に教えて保存会を支え、近年は名古屋市立大学の渡邊研究員を先頭に有志学生や地元富部《とべ》神社楽人も加わって、秋の名古屋まつりや市町村持回りの郷土芸能祭などで演奏しています。その歌詞は、

一、さくらひと　そのふねちぢめ　しまつだを
　　とまちつくれる　みてかへりこむや　そよや
　　あすかへりこむや　そよや
二、ことをこそ　あすとはいはめ　をちかたに
　　つまさ　せななれ　あすもさねこじや
　　しあすも　さねこじや　そよや

　　概意

一、櫻の里の主が沖行く舟を呼び止め　(妻女に)
　　島田の十町の田を見廻ってくるよ　そう
　　明日帰るよ　そう　(と言うと)
二、口では明日帰るなどと言うけれど、
　　妻を置いて行ってしまうくらいだから

明日になど帰るものですか　帰ってこないでしょ
明後日も帰らないでしょ　そう　（と　拗《す》ねます）

歌詞はそんな意味ですが、天皇の照覧を仰いで、時には天皇も口ずさまれ、左右が名誉にかけて格調高く歌ったもので、『古今著聞集』に、催馬楽「桜人」を歌い、「地久《ちきゅう》の破」を舞ったと言う故事の記述が見付かったので掲載します。

「いづれの比《ころ》の事にか、大宮右大臣（藤原俊家）殿上人の時、南殿（紫宸殿《ししんでん》）のさくらさかりなるころ、うへぶしより、いまだ装束もあらためずして、御階《おんきざはし》のもとにて、ひとり花をながめられけり。かすみわたれる大内山の春曙の、よにしらず心すみければ、高欄によりかかりて、扇を拍子に打て、櫻人の曲を數反うたはれけるに、多政方《おおのまさかた》が陣直つとめて候《さぶらい》けるが歌の聲をききて、花のもとにすすみいでて、地久の破をつかうまつりたりけり。花田狩衣袴をぞきたりける。舞いはてて入ける時、櫻人をあらためて蓑山《みのやま》をうたはれければ、政方又立歸て同急（地久の急）を舞ける。おはりに花のした枝を折てのち、おどりてふるまひたりける。いみじくやさしかりける事也。この事、いずれの日記にみえたりとはしらねども、古人申傳て侍り」

私達はかねてより「桜人」がゆっくり過ぎて歌だけでは盛り上がらないので舞いをと考えて

いて、この故事を再現しようという事になりました。

ところが故事は即興なので形式・前例は無く、「音取」で支えました。高麗双調の律は唐楽の黄鐘調と異名の同音ですが、半音が笙には無くて吹けないところがあり、笙と篳篥は唐楽の黄鐘調「音取」に続いて「桜人」を吹き、高麗笛は高麗双調の「音取」と「地久の破」を吹き、舞いを試みたところ、「面白い」ということになりました。

「音取」自体は音合わせの試し吹きでもあり、合わないものが次第に合うところに趣きがあるとも教えられ、催馬楽曲は元々高麗楽から編曲したといわれて原曲と合って不思議は有りませんが、演奏するのは文字通り世界で私達だけです。

七　恩師に導かれて

ここから個人的な話になってゆきますが、我が師、森下弘義先生（上級前濱分教会後継者）が戦前、雅楽を習い始めた頃に遡ります。

大正十二年に山名大教会分割によって誕生した名京大教会は、その後、部内教会の分離昇級が相次いで楽人が殆どいなくなってしまい、創立二十周年記念祭を控えて雅楽要員の育成が急務となります。時の大教会長様のお声掛かりで愛知教区の雅楽講習に前濱からは森下弘義先生と我が父・綱市が駆り出され、当時の教区長・増田先生（篳篥）と本部の篠森先生（龍笛・笙）の特訓を受けて当時二十歳前の弘義先生が彗星の如く輝きを放ち始め、習い始めて二年程で大教会の記念祭の主管に抜擢されます。

「本番を控えて高鳴る動悸を覚られそうな近間に指名した当の篠森先生が端座され、後ろには初歩から手取り足取り導いてくれた瀬戸の畑中先生で、毛厘《けりん》程の間違いも許されないと覚悟の上で渾身の力で吹き出した音が神殿に隈《くま》なく響き渡ると、後は何も考えず存分に吹いた。無事勤め終えると篠森先生が目に光るものを浮かべながら抱きかかえるように寄ってきて喜ばれた」と聞きました。

篠森先生にはその後も実子に優るとも劣らぬ薫陶を受け、普通は触らせもしない、笛吹の命ともいえる愛管「鹿月《かげつ》」をしばしば差し出して、

「これを吹いてみなはれ」

その笛は篠森先生がある時、雅友《がゆう》と奈良公園近くの座敷で月を愛でて吹き合せていると複数の鹿が寄って来て一声高く「カーン」と鳴いたので「鹿月」と名付けた愛管です。

そして早くから、講習の場で先生の唱歌に合わせて吹かされ、助手を務めます。

やがて戦争が激しさを増して増田先生が南京伝道庁に赴任され、弘義先生も軍隊に召集されて後、「補給部隊として中国の南京郊外に進駐し、立哨《りっしょう》の折に笛を吹き（何と戦地に持参？）、ちょっと横になって、つい転寝《うたたね》してしまいます。そよそよと草の葉が頬を擽《くすぐ》るので目覚めて起き上がったところに巡視兵が回ってきました。もし寝ている姿を見られたら間違いなく営倉入りの重罪だったと、一瞬背筋が凍った」そうです。

勤務の合間に南京伝道庁を訪ねて増田先生と再会の奇遇を喜び合い、戦地で先生の奥様の筆と三管でしばしば合奏したという夢の様な話です。

やがて復員されます。修養科生として本部神殿の掃除の段取りをしている所へ増田先生ご夫妻が着の身着のままの痩身を支え合うようにして戦地から復員してこられ、階段のところでばったり会う奇遇に、「命あってのものだね」と熱い握手を交わしました。

そんなこんなでの交流からか、復員後、篠森先生の代理で若輩が増田先生と講習に全国を回ることにもなります。

戦後は名京大教会の復興に相次ぐ分離昇級の中、またしても大教会の雅楽復興を担われ、三管を教え、楽器の調整（篳篥の舌、笙）を一人でこなすスーパー先生でした。

名京は分轄で出来た唯一の大教会で、いわば生まれたばかりの裸一貫、名古屋市千種区の（今でこそ高級住宅地の一角ですが）荒地を切り拓いて仮神殿を建て、本普請の神殿・教祖殿は空襲で焼失し、復興に死力を尽くした次の神殿は伊勢湾台風でまたもや倒壊してしまいます。四つ目の神殿は二代真柱様の肝煎りで鉄筋コンクリート大和屋根造りで竣工、その奉告祭の五管立ての六番目に小生（当時高二）も加えられました。

先生は自教会、上級、本部、教区、支部のご用のまにまに時の愛知教区長・西初造先生（篳篥の名手）から、

「今晩、空いてるか」

と、しばしば呼ばれ、教区長先生の何ともいえない柔らかな美しい音色に酔って、夜が更けるのも忘れて吹いたものだと述懐されます。

そしてある時、

「愛知教区管内の全教会で雅楽が鳴り響くように働いてくれ」

といわれ、「私の様な若輩では」と尻込みすると、

「お前がやらんで、誰がやる」

と重ねていわれて頭を上げられず、傍にいらした西岡先生を相談相手に愛知教区雅楽部（雅音会）を立ち上げ、宮内庁楽部気鋭の上明彦《うえあきひこ》師（龍笛）、豊英秋《ぶんのひであき》師（笙）、大窪永夫師（篳篥）の三先生をお招きして年六回も雅楽指導者講習を実施しました。教区長先生の後押しがあったとはいえ、先人の方々（御芳名は割愛させていただきます）共々、乾坤一擲《けんこんいってき》、大任を果たされたと伺います。（我が兄は参加。小生は休止中でした）

（近年龍笛は大窪康夫師に変わられましたが、上師には今も心をお掛けいただいています）

そして名古屋市民会館での陽気づくめ、韓国遠征、瑞穂競技場親子ぐるみ喜びの広場、愛知デザイン博で演奏を実施し、真柱継承奉告祭三千人演奏会（岡師指揮）に参画しました。

さらに教祖百年祭記念事業の一環として名城公園千人演奏会を主催しました。

唐では常時数百人での演奏があり、東大寺大仏開眼供養にも数百人の大演技が有ったと聞きますが、それらとは桁違いの規模です。

本部音研の新曲募集で「陽春楽」が最優秀賞受賞。中部地区ライオンズクラブ総会ほか、数々の公演を主導され、おぢば帰りの都度、増田先生宅に数人の同じ顔ぶれが集まり、心行くまで

吹き合い、また、本部の青年さん達が名京詰所に集まって、夜が白むまで猛稽古して、三代真柱様が、

「うちにも雅楽の虫がいる」

と大変お喜びになられたそうです。

森下先生は大教会の雅楽を背負われて五十年、愛知教区雅楽部を立ち上げて二十年務め、と、あるおぢば帰参の折にふと秋風を感じ、身を退いたと述懐されていました。

森井教区長先生の時、中京楽所なる話が出て立ち上げるべく会合を重ね、小生は途中から議事の記録を仰せつかって末席に控えましたが、教区では時期尚早の声もあって纏まらず、そうこうする内に先生は身上になられて精密検査の結果、初めて心臓の弁が一つ欠落しているという先天性の障害が判明したそうです。ご用（出張）から帰る都度、崩れるように一週間ほど寝込まれ、それが身上とは知らず己に鞭打って必死でご用を務めておられていたという壮烈な務めぶりに内々の人は息を呑んだと伺います。

幸い、後を名伯楽・清水明典先生（故人）に託され、西初晴先生（現教区長・本部で琵琶、笙を務める）、安藤恵介の諸先生へと引き継がれて開かれた雅音会に至ります。

愛知に因む唯一の雅楽曲、名古屋市指定無形文化財催馬楽「桜人」の保存に有志を募って協力し、教区雅楽活動としても全教の先鞭を付けたとお聞かせていただきました。

小生は森下先生の部内教会の子弟で、兄幹彦（篳篥）に遅れて笙の手解きを受けますが、銀行に就職して一時中断します。四十代に至って再開しますが、折々に諸先生のご指導を仰ぎました。

日本経済のバブルが弾《はじ》けて後、銀行のお取引先企業へ出向します。六年間に教会関係の小冊子を何冊か編集し、森下先生の雅楽に関する自叙伝『雅楽と共に歩んで』『同、海外編』を編集する内、一か所、書き換えを提案しましたら、

「これは儂《わし》の本だ。一字一句変える事罷《まか》りならん」

と烈火の如く叱られました。しかし、その時ばかりは引き下がらず、

「自分流のものを描いてはいけませんか」

と聞き返すと、ン？と真顔に戻って快諾いただけ、その後は帰参の都度居間に呼ばれるようになって、何でと思っておりましたが、出版を心待ちにしておられたのでしょう。

大教会の八十周年を口実に勤めを辞すると兄（会長）から即座に、修養科へ行けと言われ、

志願した738期の111番は何と四十年前に入社した銀行の店番と社員番号に一を添えた不思議な一致です。一組一番、感話大会、修了生答辞の三冠達成と冷やかされた後、衆目の前で若い子に些細な事で絡まれたことを、伝え聞いた担任の先生が顔を引き攣《つ》らせて駆けて来たので、本意ではありませんが謝りました。天狗の鼻をへし折られたと悟れたのは十年後の事です。

お道のご用とは名ばかりで四年が経過します。教祖百二十年祭後（銀行から出向後十年）にホテルの結婚式の楽の依頼がくるようになり、銀行へまさかの復帰で異例の七十歳まで勤務します。

営業室のロビーやOB会、茶話会などで雅楽を紹介し、愛知万博には雅音会で舞楽「萬歳楽」を披露します。東儀秀樹師の舞台に現教区長先生、現安藤雅楽部長などが演奏しました。

書き進めていた時代小説風の『天楽の夢』の中で、武田信玄が朗々とした笛の音に誘われ出て城方から狙撃された本長篠の戦いを捩《もじ》って「笙の館」の項を書く内、一見《いちげん》に近い方から昼神の結婚式の楽に誘われますが、そこは「信玄が荼毘に付された地」だったと高校の同級生冨田氏から電話がありました。更にその昔、日本武尊《やまとたける》が蒜《ひる》を噛《か》んで諏訪へ攻め入った「ひるがみ」であることが雅友の西園氏から知らされ、声優が「日本神話・イザナミ語り」を朗読する小舞台に効果音の笙を吹く代役が舞い込みます。

出版を心待ちにしておられた森下先生が出直されて深くお詫びし、最終原稿を出版社に送ると諏訪大社下社の御柱祭イベント雅楽へ誘われ、豊師、大窪師お二方の舞台に上らせていただき、三日間六千人の観客が仰ぎ見る演奏で、終わって桟敷傍を帰る時、観衆から手を合わせられて飛び上がる程驚きました。

雅友の西澤氏から国宝松本城の桜祭りに天守閣の一角で演奏する誘いがあって参加させていただきました。その後、コロナ禍、沖縄の国宝首里城火災と続き、自分達が天守閣での演奏の最後となりました。本の出版日にカーネギーホールへの誘いの電話が入るなど不思議な思いがします。

八　オカリナ奏者善久氏とカーネギーホールへ

オカリナのプロ奏者・鈴木善久氏（本芝大教会部属本荘原分教会所属）にカーネギーホールから前例のない二度目の招請が来ましたが、ニューヨーク日米親善コンサートに前回と同じでは能が無いと、元宮内庁楽部首席楽長上明彦師ご指導の下、長兄鈴木敏正氏率いる東京天理雅楽アンサンブル二十人と、古橋冨士雄先生指揮の下、細君鈴木真由美氏率いる合唱団・元NFレディースシンガーズ十四人、善久氏率いるオカリナグループ三十六人に随行者を加えた百人の大壮途です。

ホテルからホールまで数百メートルの道々、直垂《ひたたれ》、振袖姿で道行く姿にニューヨークっ子が振り返って歓声が上がり、ちょっとしたスター気分を味わって、雅楽は管絃平調「越殿楽」、朗詠「嘉辰」、舞楽「抜頭」・舞は我が雅音会の安藤恵介部長で、悠久の調べに会場は一瞬、真空のようになり、終わるや、大歓声が上がります。同ホールでの雅楽演奏は初めてという快挙です。小生には雲の上を往く夢心地の大舞台でした。

雅楽演奏を終えると三階の特別席へ案内され、今度は見る番です。

振袖姿の女性達が横一列に並んで「てんまり」を艶やかに歌う中、毬《まり》だけが舞台を右から左へ、左から右へと撞《つ》かれて戻る趣向で観衆の目と耳を奪い、「お江戸日本橋」を歌う頃には観衆の目は郷愁に潤んで熱狂的な拍手を浴びました。

最後の善久氏指揮によるオカリナの大合奏には小生も震える程感動しました。

そして善久氏の独奏です。何と、あの両手にスッポリ入る小さなオカリナ一個で、世界の音楽家羨望の的の大舞台を縦横無尽に奏し回って大観衆の心を鷲掴《わしづか》みにし、万雷の拍手がいつまでもいつまでも鳴り止みませんでした。

因みに善久氏は父君が早くからその才を見込み、音楽を志して、巨大な金管楽器・チューバから最小楽器に持ち替えて輝き、お道で知らない人はいないでしょう。

鈴木家の信仰の初代さん・祖父は熱心に布教して多くの地に足跡を残されましたが、おつとめの地方をすると、皆、可笑しさに堪えきれず吹き出したそうで、俗に言う音痴と伺いました。一代二代三代と代を重ね、孫世代の人達が音楽の天才級であることを思います時、み教えや人の話を全て良い方へと聞き取り、勇んで道一筋に尽くされたその功、大なる故と至極納得した次第です。

そうそう、心温まる話を思い出しました。

米国壮途の前年、予行演習を兼ねて東京教務支庁の創立記念祭で演奏の折、善久氏の本荏原分教会にお世話になり、神殿の立派さは当然として、痛快なお話を一つ。

三十?年前の事、男児三人いれば家の中が引っ繰り返ると申しますから、五人いれば元に納まったかもしれませんが、毎日取っ組み合いの兄弟喧嘩を目にしながら両親は手加減が解っていたのか、一瞥もくれないので祖父母が堪りかねて仲裁に入ったと聞きます。ところがその家（教会）へ学友たちが毎日のように入れ代り立ち代わり大勢遊びに来ます。いつか先生までやって来て、

「お宅では一体どういう風に子育てしていらっしゃるのか、お伺いに参りました」

といわれ、我が子の腕白をどう釈明しようかと思案していると、

「とても優しくてお友達思いの模範生なので」と（後略）。

カーネギーホールへ出られたのは、我が愛知教区雅楽部長・安藤恵介氏が篳篥、琵琶、右舞の名手で、善久氏の実弟であれば至極順当として、部員は偶皆《たまたま》都合が悪く、末席の小生が愛知から安藤部長に伴われて若松氏と共に参加させていただけたのは偉大な何者かに導かれたに相違ありません。

迷わず、森下先生の形見分けのジャケットを着て渡米すると、記念撮影の都度、上明彦師（森下先生が二十年お世話になった）から、お側へとお呼びいただき、手前など、と不思議に思っておりました。

そして安藤部長から神名流しに誘われて吉岡氏共々、ニューヨークの街頭で真似事をさせて

いただき、これも無形の勲章です。

また、小生の従妹のご主人の弟さんが会長を務めるサンライズ教会に迎えを頼んで、現地で頑張っておられる教友に触れ合い、参拝させていただけたのも有難かったです。

その教会は雅楽代表である敏正氏のご長男（今回同道）が留学の折に仮の宿として一か月間お世話になったとの事で、ご縁はそこでも繋がっていました。

世界の音楽の殿堂に立てたのは、辛抱強くお育て下された森下先生にとって小生が不肖の弟子故に不憫で（昔から、出来が悪い子ほど可愛いと申します）、遠く旅立つ置き土産にと、お導きくだされたに相違なく、ただただ感謝あるのみです。

今、雅音会では家族ぐるみで取り組む人が多く、親に付いて来た子供達が太鼓や、鉦鼓、鞨鼓を奔放に叩いて遊び、

「こういう雑音に惑わされないようにやると良い稽古になる」

と澄まし顔で言う指導者もいて、無邪気な子供達がいつの間にか一人前気取りで吹くようになるのを見ると嬉《うれ》しくなります。

皆、本業や立場は様々《さまざま》ですが、里親や子供食堂、介護職、町内会の役や消防団員などを引受

けて応分の社会貢献をしながら雅楽普及活動に努め、柴垣氏や久松氏など、演奏のみでなく雅楽器を制作するプロも活躍しています。名古屋市内の安藤氏をはじめ、津島、長久手、春日井、豊田、岡崎、豊橋など諸々の地で多くの雅友が地域活動を展開し、岐阜の松久貴郎氏（天理大学雅楽講師・松風会代表）とも連携、愛知教務支庁で年一度は楽師さんをお招きして雅楽指導者講習会を企画しており、定期練習日は毎月第二、第四日曜日の午後（コロナ等で変更有り、教区へ問合せください）です。入るを拒まず、去るを追わず、自由に楽しくやっていますので、お気楽にご参加ください。

天理教愛知教区雅楽部雅音会
郵便番号　466‐0064　住所　名古屋市昭和区鶴舞三丁目十五番十八号
　　天理教愛知教務支庁内　電話　052‐741‐6363

九　夢

幼い頃のことは今や夢幻でしかありませんが、中には鮮明に覚えていることもあります。小学四年の時の、新任の山田先生の一言です。

「何事も一生懸命やれ。漫画を見るのも遊びもだ」

小生は大きな目標・夢を持たないまま、一れつ会の扶助のお蔭《かげ》で進学高へ進み、後年、同窓会等で同級生らと顔を合わせて初めて知るのですが、学友達は将来の進路を夢見て大学へと果敢に進み、経済、地方自治、教育界等で夢を果たしました。

小生は一日も早く職に就きたくて銀行へ入社します。小心翼翼《しょうしんよくよく》三十四年間働き、出向に至って初めて未達成感に悩まされた末、本を出す細《ささ》やかな夢を見付けました。

教会に因む小冊子を編集し、森下先生の雅楽の自叙伝の様な『雅楽と共に歩んで』を本にし、それを基に郷里の「五郎松の伝説」の行き倒れ姫から子が生まれて一代の笛吹になる物語『天楽の夢』出版の日にカーネギーホールへの誘いがきたのです。

森下先生が雅音会立ち上げの時にご助力いただいた西岡先生（旭愛分・故人）のご子息が支部の雅楽を守っていると伺い、不肖、これもご縁と長久手雅楽愛好会を手伝い、郷土史研究会や文化協会、詩吟、ランチュウ飼育と取り留めもないことで日々を送り、今、正に夕映え真っ盛りで、明日も晴天間違いありません。まだ笙が曲りなりにも吹け、弘義先生の薫陶を受けて、その子、孫と今も吹きます。後は曾孫と四代に渉って吹く事がもう一つの夢です。この稿も読み直す度に削り、加えて結びには程遠いまま、この辺りで一区切りとさせていただきます。お付合いいただき誠に有難うございました。

十　雅楽讃歌

火鉢寄せ　ほっこりと笙　温めつ
祈る如くに　吹き吸い初《そ》めし
七色の　音　雲間まで　立ち昇り
雅楽《うた》仕舞うまで　寄せては返す
波頭　千鳥楽しや　潮騒《しおざい》の
渚《なぎさ》の宴《うたげ》　已《や》む時知らず
東雲《しののめ》の　たなびく先に　白鳥の
舞う野に響く　篳篥の歌
龍笛や　吼える如くに　風を裂き
鞨鼓泰然　太鼓轟く

遅れじと　鉦鼓慕うて　後を追い
琵琶や一閃　時空を弾ず
箏弾み　命躍動　ぬばたまの
千夜一夜の王朝絵巻
新玉の　年明けそめし　風を無み
四海波凪《な》ぎ　もろびと幸《さき》く
健《すこ》やかに　参らせ給《たま》へと天地《あめつち》に
若水酌みて　言祝《ことほ》ぎ奉《まつ》る
初鶏の　声高らかにも　今朝の霜

あとがき

顧みれば初めて森下先生から雅楽・笙の手解きを受けて以来間もなく七十年になります。雅音会創立に先生が尽力されて以来、はや五十年にならんとする昨近ですが、感慨浅からぬものがあります。私事ながら、先生の自叙伝的な『雅楽と共に歩んで』の出版をお手伝いして大変喜ばれ、それをモデルにした拙著、時代小説風の『天楽の夢』（善本社）の出版を待ち切れずに他界されましたが、話は昼神、諏訪、出版当日にカーネギーホールへとまるで導かれるように繋がり、元宮内庁式部職楽部首席楽長上明彦師に重ね重ねお世話いただきながら夢の舞台を踏ませていただきました。

その後、手塚容子社長様の勧めで「〇〇〇蛇に怖《お》じず」、お道と雅楽を仰ぎ見ながら老いの坂つれづれに訥々《とつとつ》と進めましたので、先生の十年祭にはまたもや間に合わず、高いところから苦笑いされていることでしょうが、追想の栞として至らぬ点は幾重にもお詫び申し上げ、親しくご指導ご鞭撻賜れば誠に幸いに存じます。

（拝）

参考文献

『みかぐらうた』『おふでさき』『天理教教典』『稿本天理教教祖傳・同逸話篇』

「源氏物語」のうたまい』道友社編、『雅楽稽古抄』天理教青年会編、

『雅楽神韻』東儀俊美（邑心文庫刊）、『雅楽がわかる本』安倍季昌（たちばな出版刊）、『逆・日本史』樋口清之（祥伝社刊）

『雅楽―僕の好奇心』東儀秀樹（集英社刊）、『邪馬台国の秘密』高木彬光、『銅鐸の謎』大羽弘道（何れも光文社刊）

——著者略歴——

河口　功（かわぐち いさお）

1944 年、愛知県豊川市生まれ。
県立国府高卒、協和銀行、丸加、りそな銀行を経る。
森下弘義先生に師事。三浦道恵、清水明典、浅井みちよ、西初晴の諸先生に学ぶ。
元宮内庁楽部首席楽長・豊　英秋師の講習を受講。
伊藤嘉宏先生に催馬楽「桜人」を学ぶ。
詩吟を福岡岳舟先生に師事。岳風流の流れを酌《く》む「生命《いのち》の風《かぜ》」詩吟研究座に学び中。

所属

名古屋市指定無形文化財・催馬楽「桜人」保存会
愛知縣護國神社雅楽会・長久手雅楽愛好会（長久手市文化協会）
天理教愛知教区雅楽部・雅音会、名京大教会雅楽部ほか

主な演奏

	水野正徳先生主宰の和楽器スーパーセッションに暫時参加
2001 年	飛騨千光寺　二十一世紀・世界平和祈念　奉納音楽法要
2005 年	愛知万博・瀬戸会場で舞楽「萬歳楽」
2010 年	平城遷都 1300年記念　全国雅楽フェスティバル
2010 年	愛知県立国府高等学校創立九十周年記念式典　舞楽「陵王」
2016 年	諏訪大社下社御柱祭イベント雅楽参加／『天楽の夢』上梓
2017 年	国宝松本城桜まつり　隅櫓で演奏
	NY　日米親善コンサート　in　カーネギーホール　雅楽出場
2018 年	日本の祭り in あいち・なごやで催馬楽「桜人」出場
	NHK 総合 TV 午後六時「まるっと」第一回　富部神社にて「桜人」報道
	豊川市金屋小学校七夕集会に舞楽「陵王」

著者：河口　功

表紙絵「落日・中田島砂丘」の
佐原泰彦画伯(右)と著者(左)

つれづれに 雅楽

令和五年四月十八日　初版発行

著　者　河口　功

発行者　手塚容子
製　作　善本社製作部

〒101-0051　東京都千代田区神田神保町二―十四―一〇三
発行所　株式会社　善本社
電話　〇三―五二一三―四八三七

ISBN 978-4-7939-0495-0